Gesund essen

Fruktosearm genießen

100 REZEPTE BRINGEN DEN BAUCH ZUR RUHE

Autorinnen: Anne Kamp/Christiane Schäfer
Photographie: Jörn Rynio

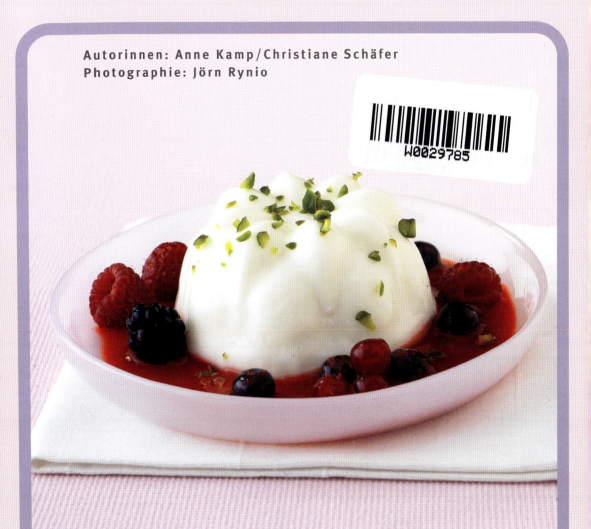

Inhalt

Hauptgerichte

Desserts

Kuchen & Gebäck

ZUM NACHSCHLAGEN

Fruktoseunverträglichkeit –
wenn Fruchtzucker für Unruhe sorgt

Etwa jeder dritte Westeuropäer leidet nach dem Genuss von Fruchtzucker an teilweise heftigen Verdauungsstörungen. Für viele ist es ein tägliches Unbehagen, denn unser modernes Nahrungsangebot ist reich an Fruktose. Und sie versteckt sich nicht nur in Früchten.

Doch mit einer Ernährungsumstellung lassen sich die Beschwerden einer Fruktoseunverträglichkeit schnell und langfristig verbessern. Dieser Ratgeber zeigt Ihnen, wie Sie Ihre Ernährung erfolgreich umstellen. Die bisherigen Empfehlungen, dauerhaft auf Süßes und Obst zu verzichten, gehören dabei der Vergangenheit an.

Mit ausgesuchten, fruktosearmen Rezepten – vor allem verträglichen Desserts, Gebäck und Knabbereien – können Sie Ihrer Lust auf Süßes unbeschwert frönen, ohne dass sich Ihr Bauch meldet. Viele praktische Tipps helfen Ihnen, auch Ihre Lieblingsrezepte fruktosearm zuzubereiten. So bringen Sie Stück für Stück wieder Normalität in Ihren Speiseplan.

Fruktosemalabsorption –

was ist das eigentlich?

Die Zuckerart Fruktose bzw. Fruchtzucker kommt natürlicherweise in Obst, Obstsäften und einigen Gemüsen vor. Wie alle anderen Nährstoffe wird auch sie im Dünndarm durch die Darmwand ins Blut transportiert. Diese Aufnahme bezeichnet man als Resorption oder Absorption. Funktioniert sie nicht vollständig, spricht man von einer Malabsorption, also einer verschlechterten Aufnahme.

Hinter dem Begriff Fruktosemalabsorption verbirgt sich somit eine Verdauungsstörung für ein bestimmtes Zuckertransportsystem. Dabei ist die Aufnahme von Fruchtzucker aus dem Dünndarm ins Blut unzureichend oder defekt. Dieses Krankheitsbild ist erst seit wenigen Jahren bekannt. Man nimmt jedoch an, dass 30–40 % aller Westeuropäer eine eingeschränkte Fruktoseaufnahme im Dünndarm haben.

Alarm im Darm

Laute Bauchgeräusche, Blähungen, Durchfall, der Bauch spannt – all das kann mal vorkommen. Doch Patienten, die unter einer Zuckerverwertungsstörung für Fruktose leiden, kämpfen täglich mit solchen Beschwerden. Häufig werden verschiedene Lebensmittel verdächtigt, die mal vertragen werden und mal nicht. Erste Untersuchungen beim Hausarzt verlaufen meist ergebnislos. Und so beginnt oft ein langer Weg, bis die Ursache der Beschwerden ermittelt ist. Ist der »Feind« dann gefunden, bringt eine Ernährungsumstellung schnelle Besserung.

»Zucker« in unserer Ernährung

Unsere Nahrung besteht aus verschiedenen Bausteinen. Einer davon sind Kohlenhydrate. Sie sind der wichtigste Energielieferant für die täglichen Arbeitsleistungen und Lebensvorgänge in unserem Organismus. In unserem Sprachgebrauch steht »Zucker« üblicherweise als Sammelbegriff für Untergruppen der Kohlenhydrate. Aber Zucker ist nicht gleich Zucker. Obwohl die meisten Zucker uns das Geschmacksempfinden »süß« vermitteln, sind sie chemisch unterschiedlich aufgebaut. Unsere Nahrungsmittel enthalten meist gleich mehrere »Zuckerarten«. Man unterscheidet dabei zwischen Einfach- und Doppelzuckern (siehe Seite 10/11). Zur Gruppe der Einfachzucker gehört auch die Fruktose.

Der Weg in die Zelle

Die Verdauung von Kohlenhydraten beginnt schon im Mund. Die Hauptarbeit wird jedoch erst nach der Magenpassage im oberen Dünndarm geleistet. Unser Körper kann nur den kleinsten Baustein der Kohlenhydrate, die so genannten Einfachzucker, ins Blut aufnehmen. Daher ist die gesamte Verdauung so ausgelegt, dass die verzehrten Kohlenhydrate so lange im oberen Dünndarm gespalten werden, bis nur noch Einfachzucker, beispielsweise Fruchtzucker oder Traubenzucker, vorliegen. Bei gesunden Menschen werden sie fast vollständig aufgenommen.

Sonderfall Fruktose

Fruktose wird über den Transporter GLUT 5 aufgenommen. Er befördert die Fruktose aus dem Dünndarm in die Körperzellen. Fruchtzucker gelangt aber auch durch einen nicht aktiven Transport (passive Diffusion) in unseren Stoffwechsel. Dabei wird die Fruktose einfach im Schlepptau eines anderen Einfachzuckers, z. B. Traubenzucker, in unseren Stoffwechsel geschleust. Beide Transportmechanismen sind nicht sehr leistungsfähig.

Da für alle anderen Einfachzucker mehr Transportsysteme zur Verfügung stehen, wird Fruchtzucker außerdem immer am langsamsten aufgenommen. Sehr große Fruchtzuckermengen von über 35 g pro Stunde sprengen auch bei vielen gesunden Menschen die Aufnahmekapazitäten und führen zu Verdauungsbeschwerden mit abführender Wirkung. 35 g Fruktose stecken zum Beispiel in 6 getrockneten Feigen, 1/2 Tüte (110 g) Rosinen oder 2 Gläsern (550 ml) Apfelsaft. Aber auch die beliebten Wellness-Drinks enthalten zum Teil viel Fruktose. Kein Wunder also, wenn der Bauch nach dem Genuss von Trockenobst oder solchen Getränken unruhig wird – auch bei Gesunden.

Transportschwäche für Fruktose

Selbst wenn alle Verdauungs- und Transportsysteme in unserem Magen-Darm-Trakt vorbildlich arbeiten, kann der Genuss einer großen Portion Trockenobst mal zu Blähungen führen. Doch nach dem Abgehen der Winde oder spätestens beim nächsten Stuhlgang ist die »Verdauungswelt« wieder in Ordnung.

Liegt jedoch eine Verwertungsstörung für Fruchtzucker (Fruktosemalabsorption) vor, dann ist die Funktion des GLUT-5-Transporters eingeschränkt oder nicht mehr vorhanden. In diesem Fall kann die verzehrte Fruktose nur noch über den passiven Transportweg in den Körper geschleust werden. Dadurch verbleibt ein Teil der Fruktose im Verdauungstrakt und gelangt in den Dickdarm.

Blähungen und Durchfall

Unter dem ständigen Angebot von Fruktose verändert sich jetzt im Dickdarm die Darmflora der hier ansässigen Bakterien. Diese verstoffwechseln den Fruchtzucker nun unter anderem zu Kohlendioxid (CO_2), Wasserstoff (H_2) und Methan (CH_4). Das führt zu Blähungen und Stuhlauflockerung. Gleichzeitig werden kurzkettige Fettsäuren (n-Butyrat, Lactat) gebildet. Diese lockern den Stuhl noch zusätzlich auf. Das zusätzliche Volumen regt die Darmbewegung an. Je nach Füllzustand des Dickdarms leidet der Patient dann unter Blähungen und Druckgefühl im Oberbauch sowie unter wechselnden Stuhlkonsistenzen bis hin zu Durchfällen oder kolikartigen Bauchschmerzen.

Achtung, Sorbit!

Sorbit ist ein Zuckeralkohol (siehe Seite 10/11). Es hemmt die Aufnahme von Fruchtzucker im Körper, da es die gleichen Transportwege benutzt. Hohe Sorbitmengen in der Nahrung verschlechtern also die Fruktoseverwertung zusätzlich. Verzichten Sie vor allem zu Beginn der Ernährungsumstellung auf sorbithaltige Lebensmittel. Sie sind im 3-Stufen-Plan (siehe Seite 14/15) ausgewiesen.

> ➤ **Mögliche Beschwerden bei Fruktoseunverträglichkeit**
>
> › Bauchschmerzen bis hin zu Bauchkrämpfen
> › deutlich hörbare Darmgeräusche
> › Blähungen
> › nicht abgehende Blähungen
> › Stuhl mit wechselnder Konsistenz
> › Durchfall
> › Verstopfung
> › Druckgefühl im Oberbauch
> › Magenschmerzen
> › Übelkeit
> › Appetitlosigkeit

Die Diagnose –
eine Unverträglichkeit
erkennen

Bevor Sie mit einer Ernährungsumstellung beginnen und Fruktosehaltiges von Ihrem Speiseplan streichen, muss die Diagnose zweifelsfrei feststehen. Für eine sichere Diagnose ist der H_2-Atemtest unentbehrlich. Blut- oder Stuhluntersuchungen können ihn nicht ersetzen. Atemtests haben den Vorteil, dass sie bei allen Patienten – auch bei Kindern – sicher durchgeführt werden können.

> Die Durchführung eines H_2-Atemtestes entscheidet der behandelnde Arzt. Bei Patienten mit einer angeborenen hereditären Fruktoseintoleranz darf kein Atemtest durchgeführt werden, da jegliche Fruktoseaufnahme vermieden werden muss.

Der H_2-Atemtest

Beim H_2-Atemtest wird die Konzentration von Wasserstoff (H_2) in der Ausatemluft in ppm (parts per million) gemessen. Vor der Messung trinkt der Patient zunächst eine Fruktoselösung. Anschließend pustet er in regelmäßigen Abständen in ein Atemtestgerät.
Dieser Test nutzt genau den Umstand, der Probleme macht – nämlich, dass die im Magen-Darm-Trakt vorhandenen Bakterien Zucker verstoffwechseln. Liegt eine Transportstörung für Fruktose im Dünndarm vor oder übersteigt die verzehrte Fruchtzuckermenge die maximal verdaubare Kapazität, wandert der Fruchtzucker

unverdaut in den Dickdarm weiter und wird dort von Bakterien vergoren. Dabei entstehen die Gärungsgase Wasserstoffgas (H_2) und Methan. Das H_2-Gas gelangt über die Darmwand in den Blutkreislauf (Diffusion) und von dort zu den Lungenbläschen. Hier wird es – messbar – abgeatmet.
Vorangegangene Untersuchungen, etwa eine Darmspiegelung, verschiedene Medikamente oder andere Grunderkrankungen, etwa eine bakterielle Fehlbesiedlung des Darms, können das Ergebnis des Atemtests verfälschen. Bei solchen Patienten verwendet man andere Zuckerlösungen – zum Beispiel Laktulose- oder Glukoselösungen – zur weiteren Abklärung der Beschwerden.
Doch ist nicht nur das Messergebnis des H_2-Atemtests entscheidend. Wertvolle Hinweise geben auch während und kurz nach dem Test auftretende Beschwerden. Erst danach entscheidet sich, ob eine Ernährungsumstellung überhaupt sinnvoll ist.
Der H_2-Atemtest hat einen hohen Stellenwert bei der Diagnose von Durchfällen, Blähungen, Übelkeit und anderen uncharakteristischen Beschwerden des Verdauungstrakts.

Hilfe für den Darm

Eine gesunde Darmflora kann durch funktionelle Nahrungsmitteln wie probiotische Joghurts unterstützt werden. Diese funktionellen Nahrungsmittel teilt man in Probiotika und Präbio-

➤ Probiotika

Probiotische Lebensmittel enthalten lebende Mikroorganismen, die die Darmfunktion positiv beeinflussen und die Immunabwehr stärken. Lakto- und Bifidobakterien werden am häufigsten eingesetzt, um Milchprodukte aufzuwerten. Wenn Sie diese positive Wirkung nutzen wollen, sollten Sie täglich Probiotika zu sich nehmen, da nur eine längerfristige Zufuhr ihre Wirkung zeigt. Die »kleinen Helfer« empfehlen sich besonders bei gleichzeitigem Reizdarm. Bei bestehender Milchzuckerunverträglichkeit (Laktoseintoleranz) können Sie auf laktosefreie Präparate aus der Apotheke zurückgreifen.

➤ Präbiotika

Lebensmittel mit einem präbiotischen Zusatz wie Oligofruktose oder Inulin unterstützen die natürliche Darmflora und haben einen positiven Einfluss auf die Darmfunktion. Doch Oligofruktose und Inulin bestehen aus Fruktose. Deshalb profitieren Fruktosemalabsorber möglicherweise nicht von dieser positiven Wirkung. Da bislang noch keine Studien dazu vorliegen, raten wir Fruktosemalabsorbern von Präbiotika ab.

Wichtig!

Die hier beschriebene Fruktosemalabsorption ist klar von der hereditären Fruktoseintoleranz (angeborene Fruchtzuckerunverträglichkeit) abzugrenzen. Die Unterschiede zwischen diesen beiden grundverschiedenen Krankheitsbildern verdeutlicht die Tabelle unten. Patienten mit einer hereditären Fruktoseintoleranz müssen sich ihr Leben lang deutlich anders ernähren. Die in diesem Ratgeber vorgestellte Ernährungsumstellung und moderate fruktosearme Kost ist für diese Patienten nicht geeignet!

tika ein. Für Patienten mit einer Fruktosemalabsorption werden häufig Probiotika oder Lebensmittel mit probiotischen Anteilen empfohlen. Doch gilt diese Empfehlung nicht generell. Testen Sie einfach, ob Ihnen solche Produkte gut tun. Nach heutigem Wissensstand ist dagegen von Präbiotika abzuraten (siehe Kasten oben rechts).

Fruktosemalabsorption = erworbene Verdauungsstörung	Abgrenzungs-merkmale	Hereditäre Fruktoseintoleranz = angeborene Stoffwechselstörung
› Störung des Fruktose-Transporters GLUT 5 im Dünndarm	› Ursache	› Defekt des Enzyms Aldolase B in der Leber
› häufig vorübergehend	› Dauer der Störung	› lebenslang
› H_2-Atemtest	› Diagnosemethode	› Blutuntersuchung
› moderate fruktosearme Kost	› Ernährung	› lebenslange streng fruktosearme Kost
› betrifft 30 von 100 Menschen	› Häufigkeit	› betrifft 1 von 20 000 Neugeborenen

Das Leben
versüßen –
Zucker richtig einsetzen

Auch wenn Sie an einer Fruktosemalabsorption leiden, müssen Sie nicht auf Süßes verzichten. Einige Zuckerarten werden von Fruktosemalabsorbern gut vertragen, andere verursachen jedoch Beschwerden. Deshalb ist ein wenig Zucker-Know-how notwendig.

Die kleinsten Bausteine von Zucker sind die Einfachzucker, zum Beispiel Glukose (Traubenzucker) und Fruktose (Fruchtzucker). In verschiedenen Kombinationen ergeben sie die nächste Zuckergruppe, die Doppelzucker. Sind ein Molekül Fruktose und ein Molekül Glukose miteinander verbunden, entsteht die Saccharose, bekannt als Haushaltszucker. In einem Kristall Haushaltszucker sind zig dieser Doppelmoleküle miteinander vernetzt. Wird die Saccharose im Dünndarm verdaut, liegt die Fruktose wieder als Einfachzucker vor und kann bei Fruktoseunverträglichkeit die beschriebenen Probleme verursachen.

Doch auch in anderen Zuckern steckt teilweise Fruktose. Mit unserem kleinen Zuckerlexikon können Sie den Verzehr von Fruktose vermeiden. Außerdem hilft es, die Zutatenlisten auf Produkten zu verstehen.

Glukose/Dextrose (Traubenzucker) ist ein **Einfachzucker**. Er wird von Fruktosemalabsorbern sehr gut vertragen und verbessert die Fruktoseverwertung im Darm, denn er arbeitet gleichermaßen als »Schleuser«. In seiner Begleitung schlüpft die Fruktose deutlich leichter durch die Darmwand. Traubenzucker ist deshalb ein idea-

> ### ➤ Kohlenhydrate

	Verträglichkeit		
Einfachzucker			
Glukose (Traubenzucker)	☺	☺	☺
Fruktose (Fruchtzucker)	☹	☹	☹
Doppelzucker			
Saccharose (Haushaltszucker) = Glukose + Fruktose	☺	☹	
Laktose (Milchzucker) = Glukose + Galaktose	☺	☺	
Maltose (Malzzucker) = Glukose + Glukose	☺	☺	

les Süßungsmittel. Es gibt ihn als Pulver in jedem Supermarkt. Als Ersatz für Haushaltszucker können Sie damit Gebäck und Desserts zubereiten. Tauschen Sie den Haushaltszucker einfach gegen Traubenzucker aus. Doch Achtung: Traubenzucker besitzt 30 % weniger Süßkraft als Haushaltszucker. Deshalb benötigen Sie beim Ersetzen 30 % mehr Traubenzucker als im Rezept für Haushaltszucker angegeben.

Die Verwendung von Traubenzucker ist besonders in der ersten Phase wichtig. Nach Abklingen der Beschwerden kann er wieder durch Haushaltszucker ersetzt werden. Zu viel Traubenzucker (über 100 g/Stunde) führt auch bei gesunden Menschen zu Verdauungsproblemen. Genießen Sie mit Traubenzucker gesüßte Speisen also nur in üblichen Portionsgrößen.

Glukosesirup besteht überwiegend aus Glukose und wird problemlos vertragen.

Fruktose (Fruchtzucker) ist ebenfalls ein **Einfachzucker**. Sie findet sich in allen Obst- und manchen Gemüsesorten. Besonders Obstsäfte und Trockenobst sind reich an Fruktose. Sie enthalten mehr Fruchtzucker als andere Einfachzucker. Fruktose wird sehr häufig und in großen Mengen für Diabetikerlebensmittel verwendet. Gelegentlich wird Fruktose auch als Zusatzstoff in der Lebensmittelindustrie eingesetzt. In der Zutatenliste taucht sie dann als Fruktosesirup auf. Lesen Sie also bitte die Zutatenlisten genau. Besonders in der Karenzphase sollten fruktosereiche Lebensmittel völlig gemieden werden. Die größte Fruktosequelle in unserer Nahrung ist neben Obst der Haushaltszucker (siehe unten).

Saccharose ist die chemische Bezeichnung für unseren Haushaltszucker. Sie gehört zur Gruppe der **Doppelzucker** und besteht aus Glukose und Fruktose. Saccharose wird aus Zuckerrüben oder Zuckerrohr gewonnen. Verzichten Sie in der Karenzphase auf Haushaltszucker und ersetzen Sie ihn einfach durch Traubenzucker. Je nach Intensität der Fruktosemalabsorption vertragen einige Patienten Haushaltszucker in geringen Mengen. Testen Sie Ihre individuelle Toleranzgrenze jedoch erst dann, wenn die erste Phase abgeschlossen ist und Sie nahezu beschwerdefrei sind. Hinter folgenden Produkten verbirgt sich ebenfalls Saccharose: brauner Zucker, Gelierzucker, Hagelzucker, Kandiszucker, Kristallzucker, Puderzucker, Raffinade, Rohrzucker, Vanillezucker, Zucker.

Invertzucker (Kunsthonig) ist eine Mischung aus Glukose und Fruktose. Wie Haushaltszucker sollte auch er zu Beginn der Diät gemieden werden. Invertzucker wird bei der industriellen Herstellung von Süßwaren und Gebäck benutzt.

Laktose (Milchzucker) setzt sich als **Doppelzucker** aus Glukose und Galaktose (Schleimzucker) zusammen. Laktose steckt vor allem in Milch und Milchprodukten wie Quark, Joghurt und Sahne, aber auch in einigen Fertigprodukten. Käse – besonders Hartkäsesorten wie Butterkäse, Emmentaler und Gouda – sowie Butter enthalten nur geringe Mengen. Milchzucker wird von Patienten mit Fruktosemalabsorption problemlos vertragen.

Maltose (Malzzucker) besteht als **Doppelzucker** aus zwei Teilen Glukose, also aus Traubenzucker. Daher ist sie gut verträglich.

Maltodextrin ist ein **Mehrfachzucker**. Er besteht aus vier bis fünf Traubenzuckerteilchen und wird gut vertragen. Maltodextrin schmeckt kaum süß und wird gerne als Stabilisator, Füllstoff und Konservierungsmittel verwendet. Man findet es in Fertigsuppen, Fleisch- und Wurstwaren, Süßwaren und Kindernahrung.

Ahornsaft, Apfel- und Birnendicksaft, Honig und Rübensirup bestehen bis zu 80 % aus verschiedenen Zuckerstoffen – zum Teil natürlicherweise mit erheblichen Mengen Fruktose. Daher in der Karenzphase meiden.

Süßstoffe werden synthetisch hergestellt und sind praktisch kalorienfrei. Chemisch gesehen sind sie keine Zucker und werden deshalb von Fruktosemalabsorbern sehr gut vertragen. In Deutschland sind **Saccharin, Aspartam, Cyclamat, Acesulfam K, Neohesperidin DG** und **Thaumatin** zugelassen. Sie alle schmecken süß und haben eine 300- bis 500-mal höhere Süßkraft als Haushaltszucker.

Zuckeraustauschstoffe (Zuckeralkohole) werden meist in der Lebensmittelindustrie eingesetzt. Sie schmecken süß, ohne Karies zu verursachen. Man findet sie häufig in Kaugummi und Bonbons mit der Bezeichnung »ohne Zucker« oder »zuckerfrei«. Zuckeraustauschstoffe stecken auch in Diabetikersüßwaren. Bei übermäßigem Genuss wirken sie selbst bei gesunden Menschen abführend. Fruktosemalabsorber meiden Zuckeralkohole am besten ganz, um den ohnehin schon gereizten Darm nicht zusätzlich zu belasten. Zuckeralkohole sind **Sorbit** (E 420), **Mannit** (E 421), **Isomalt** (E 953), **Maltit** (E 965), **Lactit** (E 966) und **Xylit** (E 967).

So einfach geht's –
drei Schritte
zum ruhigen Bauch

Ist die Diagnose Fruktosemalabsorption gestellt, ist der erste Schritt getan. Jetzt können Sie beginnen, Ihren Speisezettel aktiv in drei Schritten umzustellen – und es wird Ihnen leichter fallen als gedacht. Wenn Sie die Umstellung alleine nicht schaffen, wenden Sie sich gerne an eine erfahrene Ernährungsfachkraft (siehe Seite 124).

Die 1. Phase (Karenzphase)

In dieser Phase essen Sie bitte nur Lebensmittel aus der linken Tabellenspalte (siehe Seite 14/15). In der Phasentabelle (siehe Klappe vorne) finden Sie zahlreiche Gerichte, die Sie in dieser Zeit genießen können.

Die Kost dieser ersten Diätphase ist streng fruktosearm. Auf fruktose- und sorbithaltige Lebensmittel wird nahezu vollständig verzichtet (Karenz). Die Karenzphase dauert zwei bis vier Wochen und ist erst beendet, wenn sich die Beschwerden spürbar gebessert haben. Wenn Sie an fünf aufeinander folgenden Tagen kaum noch Beschwerden hatten, können sie in die zweite Phase wechseln.

Besonders wichtig ist jetzt eine ausreichende Flüssigkeitszufuhr: Erwachsene trinken täglich mindestens 2 Liter und Kinder 1,5 Liter. Besonders geeignet sind stilles Mineralwasser und Kräutertee. Kohlensäurehaltige Getränke bringen nur unnötig Luft in den Verdauungstrakt. Auch voluminöse und blähende Lebensmittel wie Kohlgemüse, Zwiebeln oder Hülsenfrüchte beeinflussen den Heilungsverlauf ungünstig. Kauen Sie alles gründlich und nehmen Sie sich Zeit zum Essen. Das wird Ihnen helfen, Ruhe in den Darm zu bekommen. Informieren Sie auch Freunde und Verwandte. Häufig passieren gerade bei Kindern Diätfehler, weil sie bei den Großeltern Süßes essen. Kinder sollten ebenfalls mindestens fünf Tage beschwerdefrei sein, bevor sie die zweite Phase beginnen. Lassen die Beschwerden auch nach zwei bis vier Wochen nicht nach, überprüfen Sie Ihren Speiseplan auf Diätfehler hin. Im Zweifelsfall sprechen Sie mit Ihrem Ernährungstherapeuten oder Arzt.

Die 2. Phase (Testphase)

Ihr Darm ist spürbar zur Ruhe gekommen, und Sie fühlen sich insgesamt wohler. **In dieser Phase testen Sie Lebensmittel aus der mittleren Tabellenspalte (siehe Seite 14/15).** Sie enthalten mäßige Mengen an Fruktose und werden in üblichen Portionsgrößen gut vertragen.

Die Basis Ihrer Ernährung bilden weiterhin die Lebensmittel der linken Spalte. Diese Auswahl wird jetzt durch die Lebensmittel der mittleren Spalte erweitert. Eine Übersicht über verträgliche Gerichte für die Testphase finden Sie in der Phasentabelle (siehe Klappe vorne). Und lassen Sie sich weiterhin auch die Rezeptvorschläge für die Karenzphase schmecken.

Probieren Sie ein neues Lebensmittel immer zuerst in kleinen Portionen. Treten nach dem Verzehr wiederholt Beschwerden auf, verzichten

Sie vorerst darauf und testen lieber etwas anderes aus der mittleren Tabellenspalte. So erkennen Sie nach und nach, welche Nahrungsmittel für Sie zur Zeit verträglich sind. Häufig verbessert sich die Verträglichkeit nach einigen Monaten. Dann testen Sie zurückgestellte Lebensmittel einfach noch einmal.

Fruktosehaltige Lebensmittel, die Sie morgens auf nüchternen Magen essen, sind nicht so gut verträglich wie solche, die Sie tagsüber zum Beispiel nach dem Mittagessen zu sich nehmen. Testen Sie »neue« Speisen und Getränke also lieber tagsüber.

Wenn Sie mit Haushaltszucker zubereitete Gerichte – Kuchen, Kekse oder Eis – testen, essen Sie 1 Teelöffel oder 1 kleines Täfelchen Traubenzucker dazu. Er verbessert das Glukose-Fruktose-Verhältnis. Vertragen Sie das Gericht gut, können Sie es später nochmal ohne Traubenzucker probieren. Beginnen Sie mit kleinen Portionen. So ermitteln Sie schnell, wie viel Fruktose Ihr Darm pro Tag akzeptiert. Viele Fruktosemalabsorber vertragen langfristig täglich kleine Portionen zuckerhaltiger Lebensmittel: ein Stück Kuchen, zwei bis vier Kekse oder zwei Kugeln Eis.

Lebensmittel, bei denen mehr Verdauungsarbeit geleistet werden muss, zum Beispiel grobe Vollkornbrote oder Kohlgemüse, verzehren Sie lieber mit Vorsicht. Auch Zwiebeln und Hülsenfrüchte sollten nur langsam eingeführt werden. Häufig lösen sie auch bei gesunden Menschen Bauchgeräusche oder Blähungen aus. Rumort es nach solchen Lebensmitteln also ein wenig im Darm, haben Sie keinen Diätfehler gemacht. Wenn es schmeckt und problemlos vertragen wird, können Sie das betreffende Lebensmittel wieder in den täglichen Speiseplan aufnehmen. Führen Sie während der Testphase ein Ernährungsprotokoll (siehe Seite 23). Darin listen Sie alle Lebensmittel und Getränke auf, die Sie zu sich nehmen sowie eventuell auftretende Be-

schwerden. So finden Sie am besten Ihre persönliche Verträglichkeitsgrenze heraus.

Doch auch schnelles, hastiges und schlecht gekautes Essen kann Bauchbeschwerden verursachen. Stress und Ärger nehmen ebenfalls gerne auf unsere Verdauung Einfluss. Tägliche Entspannungsübungen und Spaziergänge wirken manchmal Wunder. Dies ist vor allem für Menschen mit sitzender Tätigkeit wichtig. Planen Sie einen 30-minütigen Spaziergang fest in Ihren Tagesablauf ein.

Die Testphase erstreckt sich über ein bis zwei Monate. Sie geht fließend in die dritte und letzte Phase der Dauerernährung über.

Die 3. Phase (Dauerernährung)

Sie haben genügend Erfahrungen mit unterschiedlichen Fruktosemengen gesammelt und ein Gefühl dafür entwickelt, welches Maß für Sie verträglich ist. Achten Sie trotz der Einschränkungen bei Obst und Gemüse auf eine ausreichende Nährstoffversorgung. Die empfohlene Menge für Erwachsene liegt hier bei ca. 500 g Gemüse und 250–300 g Obst täglich. Kinder im Grundschulalter sollten pro Tag 300 g Gemüse und ein bis zwei Früchte essen. Eine Banane wird erfahrungsgemäß gut vertragen. Testen Sie auch die anderen Obstsorten der mittleren Spalte (siehe Seite 14/15). Werden sie vertragen, bauen Sie diese in kleinen Mengen regelmäßig in Ihren Speiseplan ein. Toleriert Ihre Verdauung diese Fruktosemenge jedoch nicht, sollten Sie als Ausgleich ausreichend Gemüse essen. Paprika, Radieschen, Kohlrabi, Gurke und eventuell Möhren sind ein idealer und vitaminreicher Snack. Damit können Sie ausreichend Nährstoffe aufnehmen. Verzichten Sie nicht länger als unbedingt nötig auf fruktosereiche Lebensmittel, denn sie sind gleichzeitig wertvolle Lieferanten für Vitamine, Mineralstoffe und sekundäre Pflanzenstoffe.

Der 3-Stufen-Plan – fruktosegerecht essen und trinken

	1. Diätphase – KARENZ-PHASE – fruktosearm immer geeignet	2. Diätphase – TESTPHASE – fruktosemodifiziert bedingt geeignet	Beschwerden durch Fruktoseüberschuss nicht geeignet
Getränke	**Wasser:** Mineralwasser ohne Kohlensäure, stilles Mineralwasser, Tafelwasser **Nichtalkoholische Getränke:** kalorienfreie Light-Getränke (wie Süßstofflimonade, Eistee) **Kaffee und Tee:** Bohnenkaffee, grüner und schwarzer Tee (max. 4 Tassen pro Tag), Getreidekaffee, Früchtetee, Kräutertee **Alkohol:** Pils (nach deutschem Reinheitsgebot), klarer Schnaps	**Wasser:** kohlensäureangereichertes Mineralwasser **Nichtalkoholische Getränke:** Limonade, Cola, Fruchtsaftschorle aus Obstsorten dieser Spalte, Gemüsesaft, Eistee **Kaffee und Tee:** Instant-Cappuccino, Instant-Tee **Alkohol:** Hefeweizen, Malzbier, Kräuterlikör, Likör, trockene Weine	**Nichtalkoholische Getränke:** Wellness-Drinks mit Fruktose/Sorbit/Isomalt; Fruchtsäfte, Fruchtcocktails (mit und ohne Alkohol) **Alkohol:** Likörweine, Spätlese-Weine
Gemüse und Gemüseerzeugnisse	Aubergine, Bleichsellerie, Gurke, Kohlgemüse (Blumenkohl*, Brokkoli*, Kohlrabi*, Rosenkohl*, Chinakohl*), Kürbis, Mangold, Möhre (in kleinen Mengen), Oliven, Paprika (rot und gelb), Pastinake, Pilze (gegart), Rote Bete, Sellerie, Spargel, Spinat, Steckrübe, Tomate (frisch), Zucchini	Blattsalat (alle Sorten), Bohnen (grün), Chicorée, Fenchel, Kohlgemüse (Grünkohl*, Rotkohl, Sauerkraut, Weißkohl, Wirsing*), Kohlrabi, Knoblauch, Mais, Paprika (grün), Lauch, Schwarzwurzel, Tomate (Konserve), Zuckerschote, Zwiebel **Außerdem:** Fertig- oder Halbfertiggerichte	Artischocke, Pilze (roh) **Außerdem:** Konserven mit Fruktose/Sorbit
Hülsenfrüchte	Erbsen (grün, Dose), Sojaprodukte (Sojamilch, Tofu etc.)	Bohnen (rote und weiße), Erbsen, Linsen, Wachsbohnen	Bohnen (dicke), Limabohnen, Sojabohnen (frisch)
Kartoffeln	Kartoffeln, Kartoffelgerichte (wie Pommes frites, Puffer), Kartoffelchips		
Obst- und Obsterzeugnisse	Avocado, Banane (evtl. zusammen mit Traubenzucker), Litchi, Papaya, Rhabarber (zusammen mit Traubenzucker oder Süßstoff)	Ananas, Aprikose, Beeren (Erdbeere, Heidelbeere, Holunderbeere, Rote Johannisbeere, Stachelbeere), Clementine, Grapefruit, Honigmelone, Kiwi, Mandarine, Mirabelle, Pfirsich, Sauerkirsche, Wassermelone **Außerdem:** Gelee und Konfitüre aus geeigneten Obstsorten	Apfel, Birne, Dattel, Feige, Mango, Pflaume, Traube, Trockenfrüchte (wie Rosinen) **Außerdem:** Säfte, Konfitüren oder Fruchtaufstriche mit Fruktose, Sorbit oder Isomalt
Nüsse und Samen	Nüsse (alle), Kokosnuss, Samen (alle)		
Getreide, Brot, Backwaren, Teigwaren, Nährmittel	**Getreide:** Weizenmehl, Roggenmehl (in kleinen Mengen), feine Haferflocken, Amaranth, Buchweizen, Dinkel, Gerste, Hirse, Mais, Quinoa, Weizenkleie, Couscous, Bulgur	**Getreide:** Getreidesprossen **Brot und Backwaren:** grobe Vollkornbrote, Brot, Brötchen mit Zucker, Honig oder Sirup, Schokobrötchen; Kuchen, Kekse und Gebäck mit Haushaltszucker;	**Müsli und Müsliriegel:** mit Trockenfrüchten, mit Fruktose, Sorbit, Isomalt **Außerdem:** Diabetikerback- und -feinbackwaren

* als Tiefkühlware bekömmlicher

	1. Diätphase – KARENZ-PHASE – fruktosearm **immer geeignet**	2. Diätphase – TESTPHASE – fruktosemodifiziert **bedingt geeignet**	Beschwerden durch Fruktoseüberschuss **nicht geeignet**
	Brot und Backwaren: Brote aus fein gemahlenem Vollkornmehl, Brötchen, Croissant, Kastenweißbrot, Laugenbrezel, Mischbrot, Weißbrot, Feinbackwaren mit Traubenzucker **Nährmittel:** Nudeln, Reis, ungezuckerter Puffreis, Reiswaffeln **Außerdem:** Cornflakes mit Maltose/Malz	Feinbackwaren mit Zucker, Honig oder Sirup **Müsli:** grobe Müsliflocken ohne Früchte; Fertigmüsli (z. B. Crunchy-Müsli) **Außerdem:** Cornflakes, Puffreis mit Zucker/Honig	
Milch und Milchprodukte	Milch, Milchmischgetränke mit reinem Kakao (ohne Zucker), Sahne, Speisequark, Naturjoghurt (ohne präbiotische Zusätze), Buttermilch, Kefir, Molke (ohne Fruchtzusätze), ungesüßte Kondensmilch **Käse:** Frischkäse, Schmelzkäse, Schnittkäse, Weichkäse, Hartkäse	Fruchtjoghurt, Fruchtmolke, gesüßte Kondensmilch, Kakaogetränkepulver mit Zucker	
Fleisch und Wurst	**Fleisch** (alle Sorten) **Wurst:** Schinken und Bratenaufschnitt (z. B. Putenbrust)	Fleisch- und Fischfeinkost mit Zucker/Süßungsmittel	
Fisch und Meeresfrüchte	**Fisch** (alle Sorten) **Krusten- und Schalentiere** (alle Sorten)	Fischkonserven mit Zucker/Süßungsmittel (z. B. Hering in Tomatensauce)	
Eier	in jeglicher Form (z. B. Spiegelei, Rührei)	mit Zucker gesüßte Eierspeisen (z. B. Crêpes)	
Fette & Öle	alle pflanzlichen und tierischen Fette		
Zucker und Süßungsmittel	**Einfachzucker:** Traubenzucker (Glukose), Dextrine, Dextrose, Glukosesirup **Doppel- oder Mehrfachzucker:** Malzzucker (Maltose), Maltodextrin, Milchzucker (Laktose) **Süßstoffe:** Saccharin, Cyclamat, Aspartam	**Doppelzucker:** Haushaltszucker (Saccharose) in allen Formen wie brauner Zucker, Farinzucker, Kandis, Kristallzucker, Puderzucker, Rohrzucker, Vanillezucker, Zuckerguss; Ahornsirup, Glukose-Fruktose-Sirup, Invertzucker, Rübenkraut, Ursüße	**Einfachzucker:** Fruchtzucker (Fruktose), Fruktosesirup **Zuckeraustauschstoffe:** Sorbit, Xylit, Mannit, Isomalt (Palatinit), Maltit, Laktit **Außerdem:** Apfelkraut, Birnendicksaft, Birnenkraut, Honig, Inulin
Süßes & Knabberartikel	Traubenzuckerbonbons Salzstangen, Flips, Chips, Reisgebäck	Fruchtbonbons, Fruchtgummi, Lakritze, Karamellbonbons, Nugat, Pralinen, Schokolade, Schokoküsse, Marzipan, Nuss-Nugat-Creme	Pralinen und Schokolade mit Fruktose, Sorbit oder Isomalt **Außerdem:** zahnfreundliche/zuckerfreie Kaugummis und Süßigkeiten
Gewürze, Aromen und Sonstiges	alle Gewürze und Kräuter; Essig (außer Balsam), Senf (scharf und mittelscharf), Mayonnaise; Brühe, Hefe; Vanillemark, künstliche Aromen; Backpulver, Gelatine, Götterspeisepulver, ungesüßtes Puddingpulver	Ketchup, Balsamessig, süßer Senf, Würzsaucen, natürliche Aromen (Zitrusschale, Zitrussaft), Instant-Puddingpulver	Fruchtsaucen

Essen außer Haus –
Fruktosefallen
gekonnt umgehen

Gerade in der ersten Zeit der Ernährungsumstellung werden Ihnen die vermeintlichen »Verbote« deutlich auffallen. Lassen Sie sich nicht entmutigen. Eine konsequente Ernährungsumstellung belohnt Sie damit, dass Sie relativ zügig auch Lebensmittel der Testphase ausprobieren und vertragen können.

Aber schon in der Karenzphase dürfen Sie natürlich außer Haus essen. Folgende Speisen können Sie bedenkenlos genießen:

> alle Fleisch- und Fischgerichte (Ausnahme: Gerichte mit Früchten, asiatische Süßsauer-Gerichte)
> alle Kartoffel-, Reis- und Nudelgerichte
> Gemüsegerichte ohne stark blähende Lebensmittel wie Zwiebeln, Kohlgemüse und Hülsenfrüchte
> Suppen (Ausnahme: Linsen-, Erbsen- und Bohnensuppe)
> Salate als Beilage in kleinen Mengen

Nahrungsmittel	versteckter Verursacher
> Fruchtjoghurt	> Obst und erhebliche Fruktosemengen
> Meerrettichcreme	> Trockenobst
> Möhrenrohkost	> mit Fruktose oder Honig gebacken
> Müsli	> Apfel
> Crunchy-Müsli	> Apfel
> Rotkohl	> Apfel
> Salatsaucen	> Fruktose
> Sport- oder Isogetränke	> große Mengen Fruktose
> Szegediner Gulasch	> Apfel- oder Apfelsaft
> Waldorfsalat	> Früchte
> Wellness-Drinks	> große Mengen Fruktose
> zuckerfreie Kaugummis	> große Quelle für Zuckeraustauschstoffe und daher meist abführend. Zudem wird durch das Kauen meist Luft geschluckt, so dass die Beschwerden zunehmen.
> Lebensmittel mit dem Hinweis »ohne Kristallzucker«	> Zuckerersatz meistens durch Fruktose und Zuckeraustauschstoffe
> Hustensirup, Mundwasser, Medikamente	> Sorbit

Falls Sie doch einmal ein fruktosereicheres Gericht vor sich haben, können Sie die Situation mit Traubenzucker schnell entschärfen. Essen Sie einfach ein Täfelchen dazu oder unmittelbar davor. Es verbessert das Verhältnis von Traubenzucker und Fruchtzucker im Darm und erhöht so die Verträglichkeit. Nehmen Sie sicherheitshalber immer ein Päckchen Traubenzucker mit, wenn Sie außer Haus essen.

Vermeiden Sie große Portionen. Ein Speiseplan mit vier bis fünf kleinen Mahlzeiten ermöglicht es Ihrem Körper, die verzehrte Fruktosemenge besser zu bewältigen. Wenn Sie auf Ihr Dessert nicht verzichten wollen, nehmen Sie sich eine Banane von Zuhause mit. Sie befriedigt Ihren Süßhunger und versorgt Sie ganz nebenbei noch mit Vitaminen und Mineralstoffen.

Bei der Getränkewahl orientieren Sie sich am besten an der Tabelle auf Seite 14/15. Zuckerhaltige Getränke wie Limonaden führen nämlich besonders schnell zu Beschwerden, da sie ungebremst in den Darm wandern und diesen schnell überfordern. Ein Glas Mineralwasser statt Limonade schont den Darm und spart nebenbei überflüssige Kalorien.

Achtung, Stolperfallen!

Meist sind es kleine Fehler, die den Bauch wieder unruhig werden lassen. Lesen Sie unbedingt die Zutatenlisten auf Verpackungen und scheuen Sie sich nicht, in Zweifelsfällen zu fragen. Typische Fallen im Supermarkt, im Restaurant oder auch in der Apotheke(!) haben wir in nebenstehender Tabelle aufgelistet. Hier verstecken sich zum Teil erhebliche Mengen Fruktose oder Sorbit.

Süßhunger, na und?

Traubenzuckerbonbons oder -lutscher sind auch zu Beginn der Ernährungsumstellung eine gut verträgliche Alternative, um dem Süßhunger gerecht zu werden. Beides gibt's im Supermarkt oder im Drogeriemarkt. Greifen Sie ruhig zu aromatisierten Traubenzuckerleckereien. Die zugesetzten Fruchtaromen sind fruktosefrei und gut verträglich. Eine weitere Auswahl an Süßigkeiten, Gebäck und Eis finden Sie im Rezeptteil (siehe ab Seite 90). Damit können Sie Ihr Leben auch zukünftig hin und wieder versüßen.

Sind die Beschwerden abgeklungen und befinden Sie sich in der zweiten Phase der Ernährungsumstellung, können Sie auch wieder kleine Mengen ganz normaler Süßigkeiten aus dem Supermarkt probieren. Ein Riegel Schokolade, einige Lakritz- oder Fruchtgummis zum Beispiel werden von den meisten Fruktosemalabsorbern wieder gut vertragen.

Aber achten Sie weiterhin aufs Etikett. Die Reihenfolge der Zutaten auf der Zutatenliste liefert Ihnen wertvolle Hinweise über die mengenmäßige Zusammensetzung. Daraus können Sie ableiten, ob besonders viel oder eher wenig Fruktose enthalten ist.

Beispiele Zutatenlisten

Gummibärchen

Zutaten: Glukosesirup, Zucker, Fruchtaromen, Gelatine, Säuerungsmittel …
> Für Fruktosemalabsorber besser verträglich, da der Anteil an Glukose (Traubenzucker) höher ist als der Anteil an Fruktose.

Kaubonbons

Zutaten: Zucker, Fruktose, Glukosesirup, Fruchtaromen, Gelatine, Säuerungsmittel …
> Für Fruktosemalabsorber schlechter verträglich, weil der Anteil an Fruktose höher ist als der Anteil an Glukose.

Ein Tipp für Schokofans

Dunkle Schokolade mit einem besonders hohen Kakaoanteil (mindestens 70 %) enthält weniger Zucker als Vollmilchschokolade und wird daher besser vertragen. Bedenken Sie aber, dass diese Schokolade auch mehr Fett enthält. Ihr Kaloriengehalt ist also nicht geringer. Auch bei gleichzeitiger Laktoseintoleranz kann hier unbeschwert genossen werden, denn diese Schokolade ist häufig milch- bzw. laktosefrei. Lesen Sie hierzu aber unbedingt die Zutatenliste.

Fruktose
im Griff –
diese Fragen habe ich noch

Wie lange muss ich die Ernährungsumstellung einhalten?

Die erste Phase der Ernährungsumstellung dauert zwei bis vier Wochen. Haben sich die Beschwerden deutlich verringert, kann der Speisezettel zügig mit Lebensmitteln der zweiten Phase erweitert werden. Die Testphase dauert meist vier bis acht Wochen und geht dann in die Dauerernährung über. Die Lebensmittel der rechten Tabellenspalte (siehe Seite 14/15) sind generell schlechter verträglich. Doch werden kleine Mengen nach zwei bis drei Monaten Ernährungsumstellung meist ohne Beschwerden vertragen. Probieren Sie es einfach aus.

Was geschieht bei einem Diätausrutscher?

Diätausrutscher sind menschlich und ungefährlich. Solange Sie nur ausnahmsweise fruktosereiche Mahlzeiten zu sich nehmen und anschließend durch eine konsequente Ernährung wieder einen Beschwerderückgang erzielen, müssen Sie lediglich mit Auswirkungen wie Bauchschmerzen, Blähungen und Durchfall rechnen.

Warum habe ich mal mehr und mal weniger Beschwerden?

Häufigster Grund ist die aufgenommene Fruktosemenge. Doch auch eine übergroße Mahlzeit, zu hastiges Essen oder zu wenig Flüssigkeit verstärken die Beschwerden, ebenso psychische Belastungen wie Ärger, Hast und Stress. Können Sie Ihren Beschwerden keine Ursachen zuordnen, führen Sie einige Tage ein Ernährungsprotokoll (siehe Seite 23), in dem Sie auch Ihre Beschwerden notieren. Selbst wenn Sie damit nicht zu einem Ergebnis kommen, wird dieses Protokoll einer Ernährungsberaterin oder Ihrem Arzt eine große Hilfe sein.

Sind die Ernährungsempfehlungen für alle Fruktosepatienten gleich?

Nein. Der 3-Stufen-Plan teilt die Lebensmittel zwar in fruktosehaltige und fruktosearme Lebensmittel, er unterscheidet aber nicht nach individuellen Unverträglichkeiten, d. h. nach Lebensmitteln, die bei Ihnen persönlich eher »Bauchbeschwerden« auslösen. Diese individuellen Verträglichkeiten gilt es zu berücksichtigen. Eine versierte Ernährungsfachkraft kann Ihnen dabei hilfreich zur Seite stehen. Der 3-Stufen-Plan wird jedoch allen Fruktosemalabsorbern empfohlen, auch wenn nur eine geringe Ausprägung der Unverträglichkeit vermutet wird.

Warum nimmt die Fruktosemalabsorption in der Bevölkerung zu?

Folgender Zusammenhang wird vermutet: Es gibt grundlegende Veränderungen der Ernährungs-
gewohnheiten – insbesondere bei der Kinderernährung – und somit der Lebensmittelwahl.
So hat die Zufuhr an Fruktose ein Vielfaches erreicht im Vergleich zu den vergangenen Jahr-
zehnten. Eine Fruchtzuckerunverträglichkeit kann aber auch durch zu kurze Verweildauer im
Verdauungssystem oder nach Erkrankungen des Dünndarms entstehen. Zudem sind Ärzte und
Ernährungstherapeuten erst in den letzten Jahren sensibilisiert für diese Unverträglichkeit.

Beeinflussen moderne Lebensmittel die Entstehung einer Malabsorption?

Das moderne Lebensmittelangebot mit seinen Wellness-Drinks und zuckerfreien Süßigkeiten
ist sicher ein Einflussfaktor. Durch unbedachte Auswahl können während einer Mahlzeit zum
Teil erhebliche Fruktosemengen verspeist werden. Auch eine gesunde Kost mit einem hohen
Obstanteil überschreitet manchmal weit die Grenzen der normalen Fruktoseverdauungs-
mengen. Außerdem ist der Konsum an Süßigkeiten in den letzten Jahren stark gestiegen –
und damit auch die Fruktosezufuhr.

Führt eine Fruktosemalabsorption zu ernsthaften Gesundheitsstörungen?

Bleibt die Fruktosemalabsorption unbehandelt, wird die Ernährung also nicht umgestellt,
nehmen die Beschwerden weiter zu, und die Funktion der Verdauungsorgane kann zunehmend
beeinträchtigt werden. Vor allem im Dickdarm kann es zu einem Ungleichgewicht der natür-
lichen Darmflora kommen, da permanent zu große Fruchtzuckermengen ankommen. Man geht
davon aus, dass der Zucker zu einem vermehrten Wachstum von Fäulnis- und Gärungsbildnern
führt. Dies kann das gesamte Beschwerdebild weiter verschlechtern.

Muss ich Mangelsymptome befürchten?

Mit dem 3-Stufen-Plan schlagen wir Ihnen eine Ernährungstherapie vor, die Sie nur so wenig
wie möglich, aber so viel wie nötig einschränkt. Nach der fruktosearmen Kost in der Anfangsphase, werden in der zweiten Phase viele Lebensmittel wieder eingeführt, so dass Sie sich nicht
um Ihre Nährstoffbilanz sorgen müssen. Um dauerhafte Nährstoffdefizite zu vermeiden, sollten
Sie sich von einer Ernährungsfachkraft beraten lassen (siehe Seite 124).

Bleibt die Fruktosemalabsorption lebenslang bestehen?

Diese Frage ist nicht endgültig geklärt, da das Beschwerdebild erst seit wenigen Jahren bekannt ist. Man vermutet jedoch, dass die Fruktosemalabsorption sowohl zeitlich befristet als
auch dauerhaft auftreten kann. Die bisherigen Erfahrungen zeigen, dass besonders Kinder in
der Wachstumsphase nur vorübergehend darunter leiden. Bei Erwachsenen hingegen ist eine
lebenslange Unverträglichkeit hoher Fruktosemengen wahrscheinlicher.

Gut versorgt
und gut drauf –
gezielt unterstützen

Eine ausreichende Nährstoffversorgung ist auch bei einer Fruktosemalabsorption mit eingeschränkter Lebensmittelauswahl gut möglich. Die geringe Obst- und Gemüseauswahl zu Beginn der Ernährungsumstellung verursacht keine langfristigen Nährstoffdefizite. Erst beim Zusammentreffen mehrerer Unverträglichkeiten mit stärker eingeschränkter Nahrungsmittelauswahl, kann es zu einer nennenswerten Unterversorgung kommen. Besonders wichtig sind in diesem Zusammenhang der Mineralstoff Zink und das Vitamin Folsäure.

Zink

Wie eine Studie zeigt, leiden 10 % aller Fruktosemalabsorber unter Zinkmangel. Er äußert sich vor allem durch gestörte Wundheilung, Haarausfall, erhöhte Infektionsanfälligkeit und Appetitlosigkeit. Besonders häufig sind Personen betroffen, die zusätzlich Hormone einnehmen. Da bislang nur die erwähnte Studie vorliegt, raten wir davon ab, bei Fruktosemalabsorption generell Zink zuzuführen.
Beugen Sie einem Zinkmangel lieber langfristig vor und essen Sie regelmäßig zinkreiche Lebensmittel wie Fleisch, Milchprodukte, Hülsenfrüchte und Vollkornbrot. Wenn Sie sich unsicher sind, ob Sie unter einem Zinkmangel leiden, sprechen Sie mit Ihrem Arzt. Eine einfache Blutuntersuchung gibt Auskunft. Ein nachgewiesener Zinkmangel muss ärztlich behandelt werden.

Folsäure

Auch hier liegt bislang erst eine Studie vor, die darauf hinweist, dass Patientinnen über 35 mit einer Fruktosemalabsorption geringere Folsäurewerte im Blut aufweisen können. Man weiß jedoch auch, dass 80 % der Bevölkerung tendenziell zu wenig Folsäure über die Nahrung aufnehmen. Daher empfehlen wir generell die Folsäurezufuhr zu erhöhen – nicht nur bei Fruktosemalabsorption. Folsäurereiche Lebensmittel sind Weizenkeime, Nüsse und Vollkornprodukte. Ob und inwieweit eine ausreichende Folsäureversorgung Einfluss auf die Fruktosemalabsorption hat, ist noch nicht ausreichend untersucht.
Ein Folsäuremangel ist nicht unmittelbar spürbar. Besteht er jedoch über einen längeren Zeitraum, ist er ein Risikofaktor für Herz-Kreislauf-Erkrankungen sowie Fehlbildungen bei Neugeborenen. Auch hier gilt: Lassen Sie Ihre Folsäurewerte beim Arzt untersuchen und ergänzen Sie dieses Vitamin bei Bedarf ganz gezielt.

Depressionen

Doch nicht nur der Körper will gut versorgt sein, manchmal schreit auch die Seele um Hilfe. Man vermutet, dass Patienten mit einer Fruchtzuckerunverträglichkeit zu Depressionen neigen. Möglicherweise sind veränderte Stoffwechselprozesse dafür verantwortlich. Genaue Studien zu diesem Thema stehen noch aus. Doch haben viele Fruktosemalabsorber bis zur

richtigen Diagnose einen monate- oder jahre-
langen Leidensweg hinter sich. Dass es hierbei
zu Stimmungsschwankungen bis hin zu depres-
siven Verstimmungen kommen kann, über-
rascht nicht.

Wenn der Bauch nicht zur Ruhe kommt

Lässt der Erfolg auch nach einer exakten Diagnose und einer konsequenten Ernährungsumstellung auf sich warten, stellt sich meist Unsi-
cherheit ein.
Jetzt hilft häufig die Auswertung von Ernährungs-
protokollen durch eine Ernährungsfachkraft
mit Erfahrung in den Bereichen Nahrungsmittelunverträglichkeiten und Magen-Darm-Erkran-
kungen. In unklaren Fällen zeigen die Ernäh-
rungsprotokolle schnell kleine, verdeckte Fehler.

Zusammen können sie durchaus für die Beschwerden verantwortlich sein.
Eine große Fehlerquelle bei unklaren Bauch-
symptomen ist die Flüssigkeitszufuhr. Trinken
Sie mindestes 2 Liter über den Tag verteilt.
Auch eine zu hohe oder zu geringe Ballaststoff-
zufuhr führt häufig zu anhaltenden Bauchbeschwerden. Grundsätzlich ist es immer sinnvoll,
bei anhaltenden Beschwerden das persönliche
Ernährungsverhalten genau zu überprüfen.

Lassen die Beschwerden trotz aller Empfehlungen nicht nach, liegt der Verdacht nahe, dass
eine weitere noch nicht erkannte Störung im
Verdauungstrakt vorliegt. Zur Abklärung möglicher weiterer Erkrankungen suchen Sie bitte
Ihren Arzt auf.

Erkrankung	häufige Auslöser von Beschwerden
› Laktoseintoleranz (Milchzucker-unverträglichkeit)	› Milch und Milchprodukte
› Nahrungsmittelallergie	› Verschiedene Nahrungsmittel können bei allergischen Patienten Beschwerden u. a. im Verdauungstrakt verursachen. Dazu gehören häufig: Milch, Ei, Soja und Weizen bei Kindern; Haselnüsse, rohes Stein- und Kernobst (Apfel, Birne) und Kiwi bei Erwachsenen.
› Pankreasinsuffizienz (eingeschränkte Bauchspeicheldrüsenfunktion)	› Beschwerden nach fast allen Mahlzeiten, vor allem aber nach fett- und zuckerreichen Speisen
› bakterielle Fehlbesiedelung des Darms	› Beschwerden (z. B. Blähungen, Bauchschmerzen, Durchfälle) nach fast allen Mahlzeiten, vor allem aber nach fett- und zuckerreichen Speisen
› Gallensteine	› Beschwerden (z. B. Bauchschmerzen, Krämpfe) insbesondere nach fettreichen Mahlzeiten
› Histaminintoleranz (Unverträglichkeit des biogenen Amins Histamin)	› Rotwein, reifer Käse, Fischkonserven
› Reizdarmsyndrom	› Die genauen Ursachen sind noch unklar. Eventuell gehören Kaffee, Stress und geringe Flüssigkeitszufuhr dazu.

Beschwerdefrei leben –
was noch zu beachten ist

Gut gekaut ist halb verdaut: Alles, was im Mund nicht zerkleinert wurde, muss von den Verdauungssäften im Magen-Darm-Trakt verdaut werden. Ein hartes Stück Arbeit für einen geschwächten Darm. Selbst bei Menschen mit gesundem und robustem Darm führt hastiges Essen gerne zur Gasbildung. Nehmen Sie sich also lieber Zeit fürs Essen – für eine Hauptmahlzeit mindestens 20 Minuten. Sie werden schnell merken, dass Sie vieles besser vertragen, wenn Sie Ihre Mahlzeiten in Ruhe zu sich nehmen.

Mehrere kleine Mahlzeiten: Überfordern Sie Ihren Darm nicht unnötig mit übergroßen Portionen. Essen Sie pro Tag lieber vier bis fünf kleine Mahlzeiten als drei große. Ideal sind kleine Zwischenmahlzeiten mit verträglichem Obst, Naturjoghurt mit Fruchtaufstrich (siehe Seite 30/31), Milch mit Haferflocken oder auch mal süßes Gebäck (siehe ab Seite 106). Voluminöse Speisen wie Blattsalat oder Rohkost sind für einen geschwächten Darm eine echte Herausforderung. Essen Sie solche Gerichte – besonders anfangs – nur in kleinen Portionen.

Fettreiche Süßspeisen sind besser verträglich: Schokolade, Sahneeis oder Kuchen sind für viele Fruktosemalabsorber besser verträglich als Wassereis und Limonade. Ein hoher Fettgehalt verzögert die Verweildauer des aufgenommenen Fruchtzuckers im Magen. Dadurch gelangt die Fruktose langsamer in den unteren Verdauungstrakt – und verursacht kaum Probleme. Bei herzhaften Speisen hingegen müssen Sie auf eine mäßige Fettzufuhr achten, denn große Fettmengen belasten ein geschwächtes Verdauungssystem zusätzlich.

Tiefgekühltes Kohlgemüse ist leichter verdaulich: In Kohlgemüse stecken blähende Substanzen. Diese lösen auch bei vielen gesunden Menschen Blähungen aus. Blumenkohl, Brokkoli & Co. sind als Tiefkühlware spürbar besser verträglich. Patienten mit besonders starker Neigung zur Gasbildung sollten anfangs ganz auf Kohlgemüse verzichten. Erst wenn der Bauch zur Ruhe gekommen ist, kann gefrostetes Kohlgemüse langsam in den Speiseplan eingebaut werden.

Viel trinken: Eine ausreichende Flüssigkeitszufuhr hilft dem Darm und fördert eine gute Stuhlbildung. Täglich 2 Liter für Erwachsene und 1,5 Liter für Kinder sollten es schon sein. Meiden Sie jedoch besonders in der Anfangsphase kohlensäurereiche Getränke. Dies gilt auch für Personen mit Neigung zu Blähungen. Geeignete Getränke finden Sie im 3-Stufen-Plan (siehe Seite 14/15). Mit einem einfachen Trick vergessen Sie garantiert nicht zu trinken: Stellen Sie immer ein Glas Wasser oder Tee bereit.

Zu fester Stuhl: Ist Ihr Stuhl zu fest? Dann prüfen Sie zuerst Ihre Flüssigkeitszufuhr. Weiterhin helfen gedünstetes Gemüse sowie feine Voll-

Ernährungsprotokoll

Name: **Datum:**

Uhrzeit	Menge	Lebensmittel/Getränke	Beschwerden/Stuhlgang
7.00	1	Tasse Kaffee mit Milch	
	1	Brötchen mit Butter und Käse	
7.30			Stuhlgang (normal)
10.00	1	Glas Orangensaft	
11.00			Bauchgeräusche, leichte Blähungen
12.30	1	Lasagne, Quarkspeise mit Traubenzucker	
15.00	1	Banane	
18.30	2 Scheiben	Vollkornbrot mit Butter und Schinken	
	2	Tomaten	
21.00	Ca. 25	Salzstangen	
	1 Flasche	Bier	

kornbrote, den trägen Darm in Schwung zu bringen. Verzichten Sie bei Verstopfung unbedingt auf die regelmäßige Einnahme von Abführmitteln. Dadurch gehen wichtige Mineralstoffe verloren, und die Darmflora wird geschädigt. Außerdem gewöhnt sich Ihr Darm sehr schnell an solche Mittel, und Sie müssen zu immer höheren Dosierungen greifen.

Zu weicher Stuhl: Bei zu weichem Stuhl essen Sie dreimal täglich 2 Esslöffel blütenzarte Haferflocken mit 1 Becher Naturjoghurt verrührt. Der Flockenjoghurt sorgt besonders in der Anfangsphase für gute Stuhlbeschaffenheit. Haben Sie nach 2 Wochen noch immer sehr weichen Stuhl oder Blähungen, ist dies ein Hinweis darauf, dass noch irgendwo Fehler in Ihrer Diät stecken. Vielleicht leiden Sie auch zusätzlich unter anderen, bisher unerkannten Nahrungsmittelunverträglichkeiten oder Erkrankungen. Halten Sie den 3-Stufen-Plan bei Durchfall besonders streng ein und besprechen Sie weitere diagnostische Maßnahmen mit Ihrem Ernährungsberater.

Bewegung entspannt: Tägliche Spaziergänge oder andere Formen der »sanften« Bewegung helfen, Ruhe in den Darm zu bekommen. Keine Zeit für einen Spaziergang? Oft reichen schon kleine Veränderungen im Alltag, um sich mehr zu bewegen: Parken Sie Ihr Auto nicht direkt vor dem Arbeitsplatz, sondern gehen Sie die letzten 500 Meter lieber zu Fuß. Telefonieren Sie im Stehen oder, wenn möglich, im Gehen. Benutzen Sie Treppen statt den Aufzug.

Ruhe, Spaß und Entspannung: Stress führt bei sehr vielen Menschen zu Verdauungsproblemen. Für einen Fruktosemalabsorber mit geschwächtem Darm kann Stress das Fass zum Überlaufen bringen. Darum ist es besonders wichtig, Entspannung und Ruhe in den Alltag zu bringen. Überlegen Sie, was Ihnen so richtig Spaß macht und in welcher Situation Sie sich besonders wohl fühlen. Vielleicht beim Tanzen, Malen, Singen oder Lesen? Planen Sie konkret, wie Sie es sich öfter mal gut gehen lassen können.

Fruktosearm
kochen, backen
und genießen

Genießen und schlemmen Sie in vollen Zügen. Auf den folgenden Seiten finden Sie eine reiche Auswahl an Rezepten für jede Gelegenheit. Einfach, schnell und lecker bringen Sie Ihren Bauch so Schritt für Schritt zur Ruhe.

Groß und Klein – bei unseren Rezeptvorschlägen haben alle Spaß an der Zubereitung. Probieren Sie Kuchen, Eis, Dessert und Konfekt nach Herzenslust. Niemand muss auf Süßes verzichten. Aber testen Sie auch unsere herzhaften Gerichte. Schnell und unkompliziert zubereitet, sorgen sie für mehr Abwechslung auf Ihrem Speiseplan. So kommen auch Berufstätige zu einer leckeren, fruktosegerechten Mahlzeit.

Haferflockenmüsli

FÜR 2 PERSONEN

3 EL Kürbiskerne
500 g Joghurt (3,5 % Fett)
8 EL zarte Haferflocken
1 Msp. Orangenschalenaroma
(Fertigprodukt, ersatzweise
abgeriebene Bio-Orangenschale)
1 Banane
1 TL Traubenzucker

ZUBEREITUNG: ca. 5 Min.

1. 2 EL Kürbiskerne grob hacken. Den Joghurt mit den Haferflocken verrühren. Die gehackten Kerne und die Orangenschale unterziehen.

2. Die Banane schälen und in Scheiben schneiden. Unter die Joghurtcreme heben.

3. Das Müsli mit Traubenzucker abschmecken und in zwei Schälchen füllen. Mit je 1 TL Kürbiskernen bestreuen.

SANFTER START

Dieses Müsli eignet sich mit seinen gut verträglichen Ballaststoffen besonders für den Beginn der Ernährungsumstellung. Zarte Haferflocken sind gerade in der Karenzphase häufig besser verträglich als grobe Getreideflocken. In der zweiten Diätphase (Testphase) können Sie das Müsli nach Lust und Laune mit geeigneten Früchten variieren.

Nährwerte pro Portion:

435 kcal • **18 g** Eiweiß • **19 g** Fett • **48 g** Kohlenhydrate

Crunchy-Müsli

FÜR 2 PERSONEN

125 g Haferflocken
30 g Sonnenblumenkerne
1 gehäufter EL Kokosflocken
2 EL Sonnenblumenöl
50 g Traubenzucker
Backpapier fürs Blech

ZUBEREITUNG: ca. 40 Min.

1. Die Haferflocken mit Sonnenblumenkernen und Kokosflocken mischen. Den Backofen auf 150° vorheizen. Ein Backblech mit Backpapier belegen.

2. Das Öl mit dem Traubenzucker in einer Pfanne mischen. Bei starker Hitze unter Rühren erhitzen, bis Öl und Zucker sich zu einer klaren Flüssigkeit verbinden. Den Flockenmix einstreuen. Rühren, bis die Öl-Zucker-Mischung aufgesogen und der Pfannenboden trocken ist.

3. Die Flockenmasse gleichmäßig auf dem Blech verteilen. Im Ofen (Mitte, Umluft 130°) in 20 – 25 Min. goldbraun backen. Dabei mehrmals wenden. Das Müsli sofort mit dem Papier vom Blech ziehen und auskühlen lassen.

TIPP

Viele Fertigmüslis enthalten Fruktosesirup oder Trockenfrüchte. Mit dieser Grundmischung dagegen zaubern Sie Ihr eigenes knackiges Frühstücksmüsli. Bereiten Sie es zur Abwechslung auch mal mit Nüssen, Sesam oder anderen Getreideflocken zu. Wer mag, mischt vor dem Rösten noch 1 TL Zimt in den Flockenmix. In einem gut schließenden Gefäß bleibt das Crunchy-Müsli ca. 4 Wochen knusprig frisch.

Nährwerte pro Portion:

540 kcal • **12 g** Eiweiß • **27 g** Fett • **63 g** Kohlenhydrate

Weizenmüsli mit Kirschen

FÜR 2 PERSONEN

8 EL Weizenkörner
200 g Sauerkirschen
(aus dem Glas)
2 TL Traubenzucker
200 g Sahne

ZUBEREITUNG: ca. 10 Min.
QUELLZEIT: ca. 12 Std.

1. Den Weizen mit der Getreidemühle grob schroten. Mit 120 ml kaltem Wasser verrühren und zugedeckt ca. 12 Std. oder über Nacht im Kühlschrank quellen lassen.

2. Die Sauerkirschen abtropfen lassen. Unter den Kornbrei heben. Mit Traubenzucker abschmecken.

3. Die Sahne steif schlagen und behutsam unter das Kirschmüsli ziehen. Das Müsli in zwei Schälchen füllen und servieren.

TIPP

Dieses Müsli macht Sie lange satt. Wer's fein-säuerlich mag, ersetzt das Wasser durch 120 ml Zitronensaft. In der Testphase können Sie auch andere verträgliche Früchte ins Müsli mischen. Bereiten Sie das Müsli zu Beginn der Testphase zunächst noch mit Sahne zu. Ihr hoher Fettgehalt sorgt für eine bessere Fruktoseverwertung. Bei guter Verträglichkeit können Sie dann auf Joghurt (3,5 % Fett) umsteigen.

Nährwerte pro Portion:

500 kcal • **8 g** Eiweiß • **33 g** Fett • **43 g** Kohlenhydrate

Feines **Weizenbrot**

FÜR 16 STÜCK
(1 KASTENFORM, 30 CM)
650 g Weizenvollkornmehl
2 TL Salz
1 Würfel Hefe (42 g)
Fett für die Form
ZUBEREITUNG: ca. 15 Min.
BACKZEIT: ca. 50 Min.

1. Das Mehl mit Salz mischen. Die Hefe zerbröseln und auf das Mehl streuen.

2. Mit den Knethaken des Handrührgeräts langsam 500 ml lauwarmes Wasser einrühren. Weiterkneten, bis ein kompakter Teig entsteht.

3. Die Form fetten. Den Teig in die Form füllen. Das Brot im Backofen bei 200° (Mitte, Umluft 180°) in ca. 50 Min. goldbraun backen.

TIPP

Lust auf etwas Kerniges? Dann kneten Sie doch zusätzlich noch 100 g Sonnenblumenkerne, Sesam, Mohn oder Leinsamen in den Teig. Allerdings benötigen Sie jetzt 600 ml Wasser.

Nährwerte pro Portion:

135 kcal • **5 g** Eiweiß • **1 g** Fett • **27 g** Kohlenhydrate

Joghurtbrot

FÜR 20 STÜCK (1 LAIB)
300 g Weizenvollkornmehl
300 g Mehl
2 TL Backpulver
3 EL Traubenzucker
1 TL Salz
1 Ei
425 g Joghurt
Mehl zum Arbeiten
Fett und Mehl fürs Blech
ZUBEREITUNG: ca. 15 Min.
BACKZEIT: ca. 40 Min.

1. Den Backofen auf 200° vorheizen. Ein Backblech fetten und mit Mehl bestäuben. Vollkornmehl, Mehl, Backpulver, Traubenzucker und Salz mischen. Das Ei mit dem Joghurt verquirlen.

2. Die Mehl- und die Joghurtmischung mit den Knethaken des Handrührgeräts verrühren. Die Mischung auf bemehlter Arbeitsfläche zu einem glatten Teig verkneten.

3. Den Teig zu einem runden Laib formen. Den Laib aufs Blech legen und an der Oberfläche kreuzförmig einschneiden.

4. Das Brot im Ofen (Mitte, Umluft 180°) in ca. 40 Min. goldbraun backen. Herausnehmen und auf einem Kuchengitter auskühlen lassen.

SCHNELL

Dieses leckere Brot braucht als Triebmittel nur Backpulver. Sie haben es im Handumdrehen zubereitet.

Nährwerte pro Portion:

125 kcal • **4 g** Eiweiß • **1 g** Fett • **24 g** Kohlenhydrate

Beerenmarmelade

FÜR 3 GLÄSER à 400 g

1 kg gemischte Beeren
(frisch oder tiefgekühlt)
500 g Traubenzucker
1 Päckchen Gelierfix 2:1
2 TL flüssiger Süßstoff

ZUBEREITUNG: ca. 20 Min.

1. Die Beeren behutsam waschen, trockentupfen und putzen. Tiefgekühlte Früchte auftauen lassen.

2. Die Beeren im Mixer oder mit dem Zauberstab fein pürieren. Das Fruchtpüree durch ein feines Sieb in einen Topf streichen.

3. Den Traubenzucker mit dem Gelierfix mischen. Mit dem Süßstoff unter das Beerenpüree rühren.

4. Die Beeren-Zucker-Mischung aufkochen. Unter Rühren 3 Min. kochen lassen. Noch heiß in Schraubgläser füllen und sofort verschließen.

TIPP

Die Marmelade ist verschlossen ca. 3 Monate haltbar. Angebrochene Gläser sollten Sie jedoch innerhalb von 2 Wochen aufbrauchen.

Nährwerte pro Portion:

30 kcal • **0 g** Eiweiß • **< 1 g** Fett • **7 g** Kohlenhydrate

Aprikosenaufstrich

FÜR 2 GLÄSER à 400 g

200 g Trockenaprikosen
(ungeschwefelt)
250 g Traubenzucker

ZUBEREITUNG: ca. 60 Min.
QUELLZEIT: ca. 12 Std.

1. Die Aprikosen waschen. Mit 500 ml Wasser übergießen und zugedeckt ca. 12 Std. oder über Nacht quellen lassen.

2. Die Früchte samt Einweichwasser im Mixer oder mit dem Zauberstab stückig pürieren.

3. Das Aprikosenpüree mit dem Traubenzucker in einem Topf mischen. Aufkochen und offen bei schwacher Hitze ca. 40 Min. sanft kochen lassen, bis ein dickflüssiges Mus entsteht. Dabei gelegentlich umrühren.

4. Den Aufstrich noch heiß in Schraubgläser füllen und sofort verschließen. Verschlossen ca. 3 Monate haltbar. Geöffnet innerhalb von 2 Wochen aufbrauchen.

TIPP

Besonders lecker schmeckt dieser Aufstrich mit etwas Frischkäse auf unserem Weizenbrot (siehe Seite 28). Der Aprikosenaufstrich ist auch eine feine Füllung, z. B. für den Orangen-Schoko-Kuchen (siehe Seite 118).

Nährwerte pro Portion:

30 kcal • **0 g** Eiweiß • **‹ 1 g** Fett • **7 g** Kohlenhydrate

Vanille-Kirsch-Creme

FÜR 2 GLÄSER à 450 g

1 Glas Sauerkirschen
(680 g Einwaage)
400 g Traubenzucker
2 Päckchen Vanillepuddingpulver
(zum Kochen für 500 ml Milch)

ZUBEREITUNG: ca. 20 Min.

1. 100 ml Kirschsaft abnehmen und beiseite stellen. Die Kirschen mit der restlichen Flüssigkeit im Mixer oder mit dem Zauberstab fein pürieren.

2. Das Kirschpüree mit dem Traubenzucker aufkochen. Den Kirschsaft mit dem Puddingpulver verquirlen.

3. Das angerührte Puddingpulver in die Kirschmasse rühren. Unter Rühren 1 Min. kochen lassen. Noch heiß in Schraubgläser füllen und sofort verschließen. Verschlossen 4 Wochen haltbar. Geöffnet innerhalb von 2 Wochen aufbrauchen.

TIPP

Mit ein paar Löffelchen Vanille-Kirsch-Creme verwandeln Sie Quark oder Joghurt im Handumdrehen in ein fruchtiges Dessert.

Nährwerte pro Portion:

35 kcal • **0 g** Eiweiß • **‹ 1 g** Fett • **9 g** Kohlenhydrate

Schokobutter

FÜR 1 GLAS à 300 g

250 g weiche Butter
6 EL Traubenzucker
3 EL Kakao

ZUBEREITUNG: ca. 10 Min.

1. Die Butter mit Traubenzucker und Kakao mit dem Handrührgerät zu einer geschmeidigen Creme verrühren.

2. Die Schokobutter in ein Schraubglas füllen und verschließen. Bei Zimmertemperatur ca. 14 Tage haltbar.

TIPP

Diesen Aufstrich lässt niemand stehen. Besonders bei Kindern ist er der Renner am Frühstückstisch.

Nährwerte pro Portion:

155 kcal • **1 g** Eiweiß • **14 g** Fett • **6 g** Kohlenhydrate

Nuss-Nugat-Creme

FÜR 2 PERSONEN
5 EL Traubenzucker
3 EL gemahlene Haselnüsse
1 EL Kakao
3 EL Schmand

ZUBEREITUNG: ca. 10 Min.

1. Den Traubenzucker mit Nüssen und Kakao mischen.

2. Mit dem Schmand zu einer geschmeidigen Creme verrühren.

3. Die Creme in zwei Schälchen füllen und servieren.

TIPP

Eher unwahrscheinlich, aber wenn doch mal was übrig bleibt: Einfach in ein Döschen füllen und im Kühlschrank aufbewahren. Hier bleibt die Creme einige Tage frisch. Die Nuss-Nugat-Creme schmeckt auch lecker mit gemahlenen Mandeln.

Nährwerte pro Portion:

265 kcal • **3 g** Eiweiß • **11 g** Fett • **40 g** Kohlenhydrate

Süßer Mandelaufstrich

FÜR 2 PERSONEN

100 g Doppelrahm-Frischkäse
50 g gemahlene Mandeln
2 EL Traubenzucker
1–2 Tropfen Bittermandelaroma
(Backöl)

ZUBEREITUNG: ca. 10 Min.

1. Den Frischkäse mit Mandeln, Traubenzucker und Bittermandelöl mit einer Gabel gründlich verrühren.

2. Den Aufstrich in zwei Schälchen füllen und servieren. Die Reste in ein dicht schließendes Gefäß füllen und kühl aufbewahren. Innerhalb von 1 Woche aufbrauchen.

VARIANTE

Keine Mandeln im Haus? Probieren Sie den Aufstrich mit gemahlenen und gerösteten Walnüssen oder Cashews und einer Prise Zimt.

Nährwerte pro Portion:

350 kcal • **8 g** Eiweiß • **28 g** Fett • **17 g** Kohlenhydrate

Bananen-Kokos-Creme

FÜR 2 PERSONEN

1 reife Banane
1 TL Kakao
2 EL Schmand
3 EL Traubenzucker
2 EL Kokosflocken

ZUBEREITUNG: ca. 10 Min.

1. Die Banane schälen und mit einer Gabel fein zerdrücken.

2. Das Püree mit Kakao, Schmand und Traubenzucker verrühren. Die Kokosflocken unterheben.

3. Die Creme in zwei Schälchen füllen und servieren. Reste in ein dicht schließendes Gefäß füllen und kühl aufbewahren. Innerhalb von 1 Woche aufbrauchen.

Nährwerte pro Portion:

235 kcal • **2 g** Eiweiß • **10 g** Fett • **35 g** Kohlenhydrate

Käse-Balsam-Butter

FÜR 2–3 PERSONEN

25 g Parmesan
25 g Appenzeller
15 g milder Camembert
60 g weiche Butter
1 EL Milch (bei Bedarf)
weißer Pfeffer
edelsüßes Paprikapulver
gemahlener Kümmel

ZUBEREITUNG: ca. 15 Min.
KÜHLZEIT: ca. 2 Std.

1. Den Parmesan und den Appenzeller fein reiben. Den Camembert in kleine Würfel schneiden.

2. Die Käseraspel, Camembert-würfel und die Butter mit dem Handrührgerät cremig verrüh-ren. Bei Bedarf etwas Milch ein-rühren.

3. Die Käsecreme mit Pfeffer, Paprika und Kümmel abschme-cken. Portionsweise anrichten und vor dem Servieren ca. 2 Std. kühl stellen.

Nährwerte pro Portion:

230 kcal • **7 g** Eiweiß • **22 g** Fett • **1 g** Kohlenhydrate

Rote Basilikumbutter

FÜR 2–3 PERSONEN

1/4 Bund Basilikum
60 g weiche Butter
1 EL Tomatenmark
1/2 kleine Schalotte
Pfeffer
edelsüßes Paprikapulver

ZUBEREITUNG: ca. 15 Min.
KÜHLZEIT: ca. 2 Std.

1. Das Basilikum waschen und trockentupfen. Die Blättchen ab-zupfen und grob hacken.

2. Die Butter mit einer Gabel zerdrücken. Das Basilikum und das Tomatenmark unterrühren.

3. Die Schalotte abziehen und fein hacken. Unter die Basilikum-butter heben.

4. Die Butter mit Pfeffer und Paprika abschmecken. Portions-weise anrichten und vor dem Servieren ca. 2 Std. kühl stellen.

Nährwerte pro Portion:

155 kcal • **0 g** Eiweiß • **17 g** Fett • **1 g** Kohlenhydrate

Lachsbutter

FÜR 2–3 PERSONEN

50 g weiche Butter
1–2 TL tiefgekühlter Dill
1/2 kleine Schalotte
30 g Räucherlachs
Salz, Pfeffer
1 Msp. Zitronenschalenaroma
(Fertigprodukt, ersatzweise
abgeriebene Bio-Zitronenschale)

ZUBEREITUNG: ca. 10 Min.
KÜHLZEIT: ca. 2 Std.

1. Die Butter mit dem Dill schaumig schlagen.

2. Die Schalotte abziehen und fein hacken. In die Dillcreme rühren.

3. Den Lachs mit einer Gabel zerpflücken und unter die Buttercreme heben.

4. Die Butter mit Salz, Pfeffer und Zitronenschale abschmecken. Portionsweise anrichten und vor dem Servieren ca. 2 Std. kühl stellen.

Nährwerte pro Portion:

155 kcal • **3 g** Eiweiß • **16 g** Fett • **0 g** Kohlenhydrate

Parmesan-Eier-Aufstrich

FÜR 2–3 PERSONEN

2 Eier
90 g Parmesan
50 g weiche Butter

ZUBEREITUNG: ca. 15 Min.
KÜHLZEIT: ca. 2 Std.

1. Die Eier in ca. 10 Min. hart kochen. Kalt abschrecken, pellen und fein hacken. Den Parmesan fein reiben.

2. Die Butter schaumig schlagen. Die Eiwürfelchen und den Käse unterrühren. Portionsweise anrichten und vor dem Servieren ca. 2 Std. kühl stellen.

AUF VORRAT

Dieser pikante Aufstrich lässt sich gut vorbereiten. In einem dicht schließenden Gefäß bleibt er im Kühlschrank 5 Tage frisch.

Nährwerte pro Portion:

290 kcal • **16 g** Eiweiß • **25 g** Fett • **0 g** Kohlenhydrate

Seemannsfrühstück

1 TL Essigessenz
250 g Fischfilet (z. B. Seelachs)
Salz
1 1/2 Gewürzgurken (aus dem Glas)
2 gekochte Kartoffeln (vom Vortag)
2 Radieschen
3 frische Dillzweige
75 g Joghurt
25 g Sahnequark
1 TL Tomatenmark
1–2 EL Sahne
1/2 TL geriebener Meerrettich
(aus dem Glas)
edelsüßes Paprikapulver, Salz,
Pfeffer, Traubenzucker
einige Salatblätter

ZUBEREITUNG: ca. 35 Min.

1. Die Essigessenz mit 4 TL Wasser verrühren. Den Fisch kalt abspülen und trockentupfen. Mit dem Essigwasser beträufeln. Salzen und 10 Min. ruhen lassen.

2. Den Fisch samt Marinade bei mittlerer Hitze aufkochen. Den Herd ausschalten und den Fisch zugedeckt 15 Min. garen.

3. Die Gurken abtropfen lassen und klein würfeln. Die Kartoffeln in 1 cm große Würfel schneiden. Die Radieschen waschen, putzen, halbieren und in Scheiben schneiden. Den Dill waschen und trockenschütteln, 1 Zweig fein hacken.

4. Den Joghurt mit Quark, Tomatenmark, Sahne und Meerrettich verrühren. Mit Dill, Paprika, Salz, Pfeffer und Traubenzucker würzen.

5. Die Gurken, Kartoffeln und Radieschen unter die Joghurtcreme heben. Den Fisch in mundgerechte Stücke teilen und behutsam untermischen.

6. Den Salat waschen, trockenschleudern und in zwei Schälchen verteilen. Den Fischcocktail einfüllen. Mit je 1 Dillzweig garnieren.

Nährwerte pro Portion:

230 kcal • 28 g Eiweiß • 6 g Fett • 16 g Kohlenhydrate

Frühstückskasserolle

FÜR 2 PERSONEN

2 Scheiben Weißbrot
1 Scheibe gekochter Schinken
2 Eier
60 ml Milch
60 g Sahne
Salz, Pfeffer
1 EL geriebener Käse
(z. B. Emmentaler)
Fett für die Form

ZUBEREITUNG: ca. 25 Min.
KÜHLZEIT: ca. 12 Std.
BACKZEIT: ca. 35 Min.

1. Das Brot und den Schinken in kleine Würfel schneiden.

2. Die Eier mit Milch und Sahne verquirlen. Mit Salz und Pfeffer würzen. Den Käse unterheben. Die Brot- und Schinkenwürfel unterziehen.

3. Eine Auflaufform fetten und die Eimasse einfüllen. Die Oberfläche glatt streichen. Die Kasserolle zugedeckt ca. 12 Std. oder über Nacht kühl stellen.

4. Den Backofen auf 180° vorheizen. Die Kasserolle im Ofen (Mitte, Umluft 160°) in ca. 35 Min. goldbraun backen.

TIPP

Die Kasserolle lässt sich prima vorbereiten. Rühren Sie zur Abwechslung auch mal Gemüsewürfelchen – z. B. Brokkoli, Tomaten oder Möhren – in den Eischaum.

Nährwerte pro Portion:

280 kcal • 13 g Eiweiß • 18 g Fett • 17 g Kohlenhydrate

Grüner Eier-Toast

FÜR 2 PERSONEN

1/2 kleine Zwiebel
3 TL Butter
250 g tiefgekühlter Blattspinat
Salz, Pfeffer, Muskatnuss
2 Eier
2 EL Mineralwasser
1 EL tiefgekühlter Bärlauch
1 EL tiefgekühlter Schnittlauch
2 EL geriebener Emmentaler
2 Scheiben feines Weizenvollkornbrot
2 Cocktailtomaten

ZUBEREITUNG: ca. 30 Min.

1. Die Zwiebel abziehen und fein hacken. 1 TL Butter in einem Topf erhitzen und die Zwiebelwürfel darin glasig dünsten. Den Spinat zugeben und bei schwacher Hitze auftauen lassen. Dabei gelegentlich umrühren. Mit Salz, Pfeffer und Muskat würzen.

2. Die Eier mit Mineralwasser mit dem Handrührgerät schaumig schlagen. Bärlauch, Schnittlauch und Käse unterrühren. Mit Salz und Pfeffer würzen.

3. 1 TL Butter in einer Pfanne erhitzen. Den Eischaum hineingießen und bei schwacher Hitze stocken lassen. Vorsichtig umrühren

und das Rührei weiterbraten, bis es goldgelb und fest ist.

4. Die Brotscheiben toasten. Mit 1 TL Butter bestreichen und mit dem Spinat belegen. Das Rührei gleichmäßig darauf verteilen.

5. Die Tomaten waschen und in Scheiben schneiden. Portionsweise mit dem Toast anrichten.

Nährwerte pro Portion:

245 kcal • 13 g Eiweiß • 14 g Fett • 18 g Kohlenhydrate

Grapefruit-Drink mit rotem Eis

FÜR 2 GLÄSER

50 ml Kirschnektar
1/2 Grapefruit
100 ml Orangensaft
1 EL Traubenzucker
150 ml Orangenlimonade light
(mit Süßstoff gesüßt)

ZUBEREITUNG: ca. 10 Min.
GEFRIERZEIT: ca. 2 Std.

1. Den Kirschnektar in eine Eiswürfelform füllen und im Tiefkühlfach ca. 2 Std. gefrieren lassen.

2. Die Grapefruit auspressen. Den Saft mit Orangensaft und Traubenzucker verquirlen. Die Orangenlimonade einrühren.

3. Die Kirsch-Eiswürfel in zwei hohe Gläser verteilen. Mit dem

Saftmix aufgießen und sofort servieren.

TIPP

Sind die kirschroten Eiswürfel erst mal gefroren, ist der Drink im Handumdrehen gemixt. Genießen Sie ihn jedoch erst in der Testphase.

Nährwerte pro Portion:

85 kcal • **1 g** Eiweiß • **‹ 1 g** Fett • **19 g** Kohlenhydrate

Heidelbeer-Trinkjoghurt

FÜR 2 GLÄSER

75 g Heidelbeeren (frisch oder tiefgekühlt)
50 g Traubenzucker
1/4 TL flüssiger Süßstoff
300 g cremiger Naturjoghurt
100 ml Milch
2 Trinkhalme

ZUBEREITUNG: ca. 10 Min.

1. Die Beeren behutsam waschen und trockentupfen. Tiefgekühlte Früchte auftauen lassen. Die Beeren mit Traubenzucker und Süßstoff im Mixer oder mit dem Zauberstab fein pürieren.

2. Den Joghurt mit der Milch verquirlen und in zwei hohe Gläser füllen. Das Beerenpüree auf der

Joghurtmilch verteilen. In jedes Glas 1 Trinkhalm stecken und das Püree spiralförmig verziehen.

TIPP

Probieren Sie den leckeren Trinkjoghurt auch mit anderen verträglichen Beeren.

Nährwerte pro Portion:

235 kcal • **7 g** Eiweiß • **7 g** Fett • **36 g** Kohlenhydrate

Vanille-Buttermilch mit Weizenkleie

FÜR 2 GLÄSER

400 ml Buttermilch
3 EL Traubenzucker
1 Msp. gemahlene Bourbon-Vanille (ersatzweise 2–3 Tropfen Vanillearoma)
2 TL Weizenkleie (ersatzweise gemahlene Haselnüsse oder Mandeln)

ZUBEREITUNG: ca. 10 Min.

1. Die Buttermilch mit Traubenzucker und Vanille verquirlen.

2. Die Vanillemilch in zwei hohe Gläser füllen und mit je 1 TL Weizenkeimen bestreuen. Sofort servieren.

VARIANTE

Doch lieber eine warme Trinkschokolade? Dafür 400 ml Milch erwärmen. 1 TL Kakao mit 2 EL Traubenzucker mischen und einrühren. Wer mag, würzt seinen Kakao noch mit einer Prise Zimt oder einem Löffelchen Mandelmus.

Nährwerte pro Portion:

165 kcal • 7 g Eiweiß • 1 g Fett • 31 g Kohlenhydrate

Pfirsich-Kiwi-Bowle

FÜR 2 GLÄSER

2 reife Pfirsiche (ersatzweise Nektarinen, Aprikosen oder Bananen)
1 Kiwi
150 ml Orangensaft
3 TL Zitronensaft
1 TL Traubenzucker
150 ml Mineralwasser
Eiswürfel (wer mag)

ZUBEREITUNG: ca. 15 Min.

1. Die Pfirsiche kurz überbrühen, kalt abschrecken und häuten. Die Früchte halbieren und die Kerne herauslösen. 2 Hälften im Mixer oder mit dem Zauberstab fein pürieren. 2 Hälften in kleine Würfel schneiden.

2. Die Kiwi schälen, halbieren und in Scheiben schneiden.

3. Den Orangensaft mit Zitronensaft, Traubenzucker und Pfirsichpüree verquirlen. Die Früchte und das Mineralwasser einrühren.

4. Die Eiswürfel – wer mag – in zwei hohe Gläser verteilen. Mit der Bowle aufgießen und sofort servieren.

Nährwerte pro Portion:

100 kcal • 2 g Eiweiß • < 1 g Fett • 22 g Kohlenhydrate

Salate

Gurken-Tomaten-Salat

FÜR 2 PERSONEN

2 TL Branntweinessig
1/4 TL Senf
Salz, Pfeffer
3 TL Rapsöl
1/2 Salatgurke
150 g Tomaten
1/4 Bund Schnittlauch

ZUBEREITUNG: ca. 20 Min.

1. Den Essig mit Senf, Salz, Pfeffer und Öl verquirlen.

2. Die Gurke putzen, dünn schälen und längs halbieren. Die Hälften in dünne Scheiben schneiden. Die Tomaten waschen und die Stielansätze entfernen. Die Früchte in Achtel schneiden. Mit den Gurken mischen.

3. Den Schnittlauch waschen, trockenschütteln und in feine Röllchen schneiden. Über den Salat streuen.

4. Das Dressing über den Salat träufeln. Alles behutsam mischen. Den Salat nochmals kräftig abschmecken und portionsweise anrichten.

TIPP

Wird der Salat nicht sofort verzehrt, schaben Sie die Kerne der Gurke lieber mit einem Teelöffel heraus. So zieht der Salat kaum Wasser und bleibt schmackhaft.

Nährwerte pro Portion:

60 kcal • **1 g** Eiweiß • **5 g** Fett • **3 g** Kohlenhydrate

Maissalat mit Tomate und Fisch

FÜR 2 PERSONEN

150 g Maiskörner (aus der Dose)
75 g Thunfisch im eigenen Saft (aus der Dose)
250 g Tomaten
8–10 frische Basilikumblätter
2 TL Olivenöl
1 TL Zitronensaftkonzentrat (ersatzweise Zitronensaft)
Salz, Pfeffer

ZUBEREITUNG: ca. 10 Min.

1. Den Mais und den Thunfisch abtropfen lassen.

2. Die Tomaten waschen und die Stielansätze entfernen. Die Früchte in Würfel schneiden. Mit dem Mais und dem Fisch mischen.

3. Die Basilikumblätter waschen, trockentupfen und in Stückchen zupfen. Über den Salat streuen.

4. Das Öl mit Zitronensaftkonzentrat sowie etwas Salz und Pfeffer verquirlen. Das Dressing über den Salat träufeln und behutsam mischen.

TIPP

Zitronensaftkonzentrat enthält keine Fruktose, da es künstlich hergestellt ist. Bei sehr kleinen Mengen können Sie jedoch auch frischen Zitronensaft verwenden.

Nährwerte pro Portion:

320 kcal • **15 g** Eiweiß • **7 g** Fett • **51 g** Kohlenhydrate

Salate

Schafkäse-Nudel-Salat

FÜR 2 PERSONEN

250 g Spiralnudeln
Salz
1/2 Salatgurke
1/2 Bund Frühlingszwiebeln
2 Tomaten
150 g milder Schafkäse
100 g Naturjoghurt (3,5 %)
500 g passierte Tomaten
(Fertigprodukt)
1 Knoblauchzehe
Pfeffer, Paprikapulver

ZUBEREITUNG: ca. 30 Min.
RUHEZEIT: ca. 30 Min.

1. Die Nudeln nach Packungs-angabe in kochendem Salzwas-ser bissfest garen. Abgießen und auskühlen lassen.

2. Die Gurke putzen, dünn schä-len und längs halbieren. Die Ker-ne herausschaben. Die Hälften in Würfel schneiden. Die Frühlings-zwiebeln waschen, putzen und in feine Ringe schneiden. Die Tomaten waschen und die Stiel-ansätze entfernen. Mit dem Käse in Würfel schneiden.

3. Den Joghurt mit dem Toma-tenpüree verquirlen. Den Knob-lauch abziehen und dazupres-sen. Das Dressing mit Salz, Pfeffer und Paprika würzen.

4. Die Nudeln, die Gemüse und den Käse unterheben. Den Salat ca. 30 Min. durchziehen lassen. Nochmals abschmecken und portionsweise anrichten.

PAUSENSNACK

Dieser sättigende Salat ist perfekt für die Mittagspau-se. Er eignet sich besonders für den Beginn der Ernäh-rungsumstellung. Denn jetzt sollten Sie aufgrund unkla-rer Fruktosemengen auf Kan-tinenkost besser verzichten.

Nährwerte pro Portion:

735 kcal • **35 g** Eiweiß • **18 g** Fett • **107 g** Kohlenhydrate

Frischer Käsesalat

FÜR 2 PERSONEN

100 g Edamer
50 g gekochter Schinken
1 Gewürzgurke (aus dem Glas)
1/4 Salatgurke
1/2 gelbe Paprikaschote
1/2 eingelegte rote Paprikaschote
(aus dem Glas)
75 g Magermilchjoghurt (0,1 %
Fett)
2 TL saure Sahne
1/2 TL Sahnemeerrettich
(aus dem Glas)
1/2 Bund Dill
1/4 TL Traubenzucker
1 TL Zitronensaftkonzentrat
(ersatzweise Zitronensaft)
Salz, Pfeffer

ZUBEREITUNG: ca. 30 Min.

1. Den Edamer in 1 cm große Stücke schneiden. Den Schinken in feine Streifen schneiden.

2. Die Gewürzgurke abtropfen lassen. Die Salatgurke dünn schälen. Die Paprika waschen und putzen. Alles mit der einge-legten Paprika in kleine Würfel schneiden.

3. Die Käsewürfel, Schinken-streifen und Gemüsewürfel mi-schen. Joghurt, saure Sahne und Meerrettich unterheben.

4. Den Dill waschen, trocken-schütteln und mit der Schere in feinen Streifen über den Salat schneiden.

5. Den Salat mit Traubenzucker, Zitronensaftkonzentrat, Salz und Pfeffer würzen. Ca. 10 Min. durchziehen lassen. Nochmals abschmecken und portionsweise anrichten.

TIPP

Dieser erfrischende Salat ist schon in der Karenzphase gut verträglich. Er lässt sich gut vorbereiten und ist mit einem Brötchen ein idealer Snack für unterwegs.

Nährwerte pro Portion:

205 kcal • **22 g** Eiweiß • **10 g** Fett • **7 g** Kohlenhydrate

Asiatischer Geflügelsalat

FÜR 2 PERSONEN

200 g Hähnchenbrustfilet
1/2 Stange Lauch
2 TL Öl
1 kleine Knoblauchzehe
1 Stück frischer Ingwer (ca. 1 cm)
3 TL Mayonnaise
150 g Naturjoghurt (3,5 % Fett)
3 TL Orangensaft
1 TL Zitronensaftkonzentrat
(ersatzweise Zitronensaft)
Salz, Currypulver

ZUBEREITUNG: ca. 30 Min.

1. Das Fleisch kalt abspülen, trockentupfen und in schmale Streifen schneiden.

2. Den Lauch putzen, längs aufschneiden und sorgfältig waschen. Die Stange in sehr feine Streifen schneiden.

3. Das Öl in einer Pfanne erhitzen. Die Fleisch- und Lauchstreifen darin anbraten.

4. Den Knoblauch abziehen und dazupressen. Den Ingwer schälen und auf der feinen Küchenreibe dazureiben. Weiterbraten, bis Fleisch und Lauch leicht gebräunt sind. Herausnehmen und abkühlen lassen.

5. Die Mayonnaise mit Joghurt, Orangensaft und Zitronensaftkonzentrat verquirlen. Das Dressing über den Salat träufeln. Behutsam mischen und mit Salz und Curry würzig abschmecken.

TIPP

Durch das Anbraten verliert der Lauch seine blähende Wirkung.

Nährwerte pro Portion:

245 kcal • **26 g** Eiweiß • **13 g** Fett • **6 g** Kohlenhydrate

Nussiger Fenchel-Kiwi-Salat

FÜR 2 PERSONEN

1 Fenchelknolle
8 Walnusskerne
150 g Naturjoghurt (3,5 % Fett)
100 g saure Sahne
1 EL Zitronensaftkonzentrat
(ersatzweise Zitronensaft)
2 TL Traubenzucker
Salz, Pfeffer
1 Kiwi

ZUBEREITUNG: ca. 20 Min.

1. Den Fenchel waschen, halbieren und den Stielansatz entfernen. Die Hälften in kleine Würfel schneiden. Die Walnusskerne grob hacken.

2. Den Joghurt mit saurer Sahne, Zitronensaftkonzentrat, Traubenzucker, Salz und Pfeffer verquirlen. Den Fenchel und die Nüsse unterheben.

3. Die Kiwi schälen und in Würfel schneiden. Die Würfel unter den Salat mischen. Sofort servieren.

TIPP

Mischen Sie die Kiwi erst kurz vor dem Servieren unter den Salat. Durch die Kiwi entwickelt der Salat schnell einen bitteren Geschmack.

Nährwerte pro Portion:

210 kcal • **8 g** Eiweiß • **14 g** Fett • **13 g** Kohlenhydrate

Möhrensalat

mit gerösteten Cashews

FÜR 2 PERSONEN

250 g Möhren
1 kleine Knoblauchzehe
125 g Naturjoghurt (3,5 % Fett)
1 Stück frischer Ingwer (ca. 2 cm)
Salz, Currypulver
1 TL Traubenzucker
1 TL Zitronensaftkonzentrat
(ersatzweise Zitronensaft)
50 g Cashewkerne

ZUBEREITUNG: ca. 30 Min.

1. Die Möhren putzen, dünn schälen und fein raspeln. Die Möhrenraspel in zwei Gläser schichten.

2. Den Knoblauch abziehen und zum Joghurt pressen. Den Ingwer schälen und auf der feinen Küchenreibe zum Joghurt reiben. Beides unterrühren.

3. Den Joghurt mit Salz, Curry, Traubenzucker und Zitronensaftkonzentrat würzig abschmecken. Das Dressing gleichmäßig über die Möhren träufeln. Nicht mischen.

4. Die Cashewkerne in einer beschichteten Pfanne ohne Fett bei mittlerer Hitze unter Rühren goldgelb rösten. Die Nüsse grob hacken und über den Salat streuen.

TIPP

Wer mag, rührt noch 1 Msp. Kurkuma (Gelbwurz) ins Dressing. Es bekommt so eine intensive Farbe – und der Salat schmeichelt Auge und Gaumen gleichzeitig. Das schonende Rösten bringt das feine Aroma der Cashews besonders gut zur Geltung. Doch Achtung: Bei zu starker Hitze wird die Röstung schnell zu intensiv – und der feine Geschmack verfliegt.

Nährwerte pro Portion:

225 kcal • **8 g** Eiweiß • **13 g** Fett • **19 g** Kohlenhydrate

Thousand-Islands-Dressing

125 g Salatmayonnaise
60 g Magerquark
1 EL Schmand
50 g passierte Tomaten
(Fertigprodukt)
1 Gewürzgurke (aus dem Glas)
Salz, Pfeffer
edelsüßes Paprikapulver
Traubenzucker

ZUBEREITUNG: ca. 10 Min.

1. Die Mayonnaise mit Quark und Schmand verquirlen. Das Tomatenpüree einrühren.

2. Die Gewürzgurke abtropfen lassen und in sehr feine Würfel schneiden. Die Würfelchen ins Dressing rühren.

3. Das Dressing mit Salz, Pfeffer, Paprika und Traubenzucker abschmecken.

TAUSENDSASSA

Dieses Dressing passt zu Blattsalaten und Rohkost. Doch auch zu gedämpftem Gemüse, Geflügelsalat und Kartoffeln schmeckt es fein.

Nährwerte pro Portion:

500 kcal • **5 g** Eiweiß • **51 g** Fett • **4 g** Kohlenhydrate

Joghurt-Salatcreme

FÜR 2 PERSONEN

100 g Salatgurke
1 kleine Zwiebel (25 g)
1/2 Bund Kerbel
150 g Naturjoghurt (3,5 % Fett)
1 Msp. Traubenzucker
Salz, weißer Pfeffer

ZUBEREITUNG: ca. 10 Min.

1. Die Gurke dünn schälen, längs halbieren und die Kerne herausschaben. Die Hälften in kurze Stifte schneiden.

2. Die Zwiebel abziehen. Den Kerbel waschen und trockenschütteln. Beides fein hacken.

3. Den Magerjoghurt mit dem Sahnejoghurt verrühren. Mit Traubenzucker, Salz und Pfeffer würzen. Die Gurkenstifte, die Zwiebel und den Kerbel unterheben. Die Salatcreme kurz durchziehen lassen. Vor dem Servieren nochmals abschmecken.

VIELSEITIG

Die Salatcreme passt besonders zu Kartoffelgerichten und zu gekochtem oder gebratenem Fleisch.

Nährwerte pro Portion:

50 kcal • **2 g** Eiweiß • **3 g** Fett • **4 g** Kohlenhydrate

Erdnuss-Sesam-Sauce

FÜR 2 PERSONEN

1 Ei
50 g ungesalzene Erdnusskerne
2 TL Sesam
225 g Sahnejoghurt (10 % Fett)
1 TL Dijon-Senf
Salz, Pfeffer
Traubenzucker

ZUBEREITUNG: ca. 20 Min.

1. Das Ei in ca. 10 Min. hart kochen. Kalt abschrecken, pellen und in kleine Würfel schneiden.

2. Die Erdnüsse und den Sesam in einer beschichteten Pfanne ohne Fett goldgelb rösten. Im Blitzhacker fein hacken.

3. Den Joghurt mit dem Senf verquirlen. Die Eiwürfel und die Nussmischung unterrühren. Die Sauce mit Salz, Pfeffer und Traubenzucker würzen.

TIPP

Diese nussige Sauce schmeckt besonders zu gegrilltem Fleisch.

VORSICHT FALLE

Fertige Grillsaucen und Dressings enthalten häufig viel Zucker. Doch diese Fallen können Sie geschickt umgehen: Legen Sie sich eine kleine Auswahl an Saucenrezepten zu, die Sie bei Bedarf schnell zusammenrühren.

Nährwerte pro Portion:

335 kcal • **14 g** Eiweiß • **28 g** Fett • **7 g** Kohlenhydrate

Suppen & Snacks

Kürbiscremesuppe

FÜR 2–3 PERSONEN

1/2 Hokaido-Kürbis (350 g)
1 Möhre (100 g)
175 g Kartoffeln
500 ml Gemüsebrühe
100 g Sahne
1 TL Zitronensaftkonzentrat
(ersatzweise Zitronensaft)
Salz, Pfeffer, Currypulver
2 TL Kürbiskerne

ZUBEREITUNG: ca. 40 Min.

1. Den Kürbis waschen, vierteln und die Kerne herausschaben. Die Viertel in 2 cm große Stücke schneiden.

2. Die Möhre putzen, dünn schälen und in Würfel schneiden. Die Kartoffeln waschen, schälen und würfeln. Die Kürbis-, Möhren- und Kartoffelstücke mit der Brühe aufkochen. Ca. 10 Min. garen, bis die Kürbisschale weich ist.

3. Die Suppe im Mixer oder mit dem Zauberstab cremig pürieren. Sahne und Zitronensaftkonzentrat unterrühren. Die Suppe mit Salz, Pfeffer und Curry abschmecken.

4. Die Kürbiskerne fein hacken. Die Suppe portionsweise anrichten und mit den Kürbiskernen bestreuen.

IN SCHALE

Kochen Sie die Kürbisschale ruhig mit, sie gibt der Suppe zusätzlich Aroma. Sie befinden sich schon in der Testphase? Dann verfeinern Sie die Suppe noch mit 1 Knoblauchzehe und 1 TL frisch geriebenem Ingwer. Das gibt ihr einen besonderen Pfiff.

Nährwerte pro Portion:

190 kcal • 4 g Eiweiß • 12 g Fett • 16 g Kohlenhydrate

Kartoffelsuppe mit Lachs

FÜR 2 PERSONEN

1 kleine Schalotte
1/2 Bund Frühlingszwiebeln
175 g Kartoffeln
1 TL Margarine
300 ml Gemüsebrühe
125 g Räucherlachs
Salz, Pfeffer
1 Spritzer Zitronensaftkonzentrat
(ersatzweise Zitronensaft)
50 g Schmand

ZUBEREITUNG: ca. 35 Min.

1. Die Schalotte abziehen und fein hacken. Die Frühlingszwiebeln waschen, putzen und mit Grün in feine Ringe schneiden. Die Kartoffeln waschen, schälen und in feine Stifte raspeln.

2. Die Margarine in einem Topf erhitzen und die Schalotte darin glasig dünsten. Die Kartoffelraspel einstreuen und unter Rühren anbraten. Die Frühlingszwiebeln einrühren.

3. Die Brühe angießen. Aufkochen und bei schwacher Hitze 10 Min. ziehen lassen.

4. Den Lachs in feine Streifen schneiden. Die Streifen kurz in der Suppe erwärmen. Die Suppe mit Salz, Pfeffer und Zitronensaftkonzentrat abschmecken. Den Schmand unterziehen und nochmals kurz erwärmen.

TIPP

Diese Suppe ist eine kleine Nährstoffbombe. Sie bekommt besonders zu Beginn der Ernährungsumstellung und bringt schnell Ruhe in den »unruhigen« Bauch.

Nährwerte pro Stück:

330 kcal • 22 g Eiweiß • 21 g Fett • 14 g Kohlenhydrate

Bananen-Curry-Suppe

FÜR 2–3 PERSONEN

1 kleine Schalotte
1 kleine Knoblauchzehe
1 1/2 Bananen
1 gestrichener EL Margarine
2 TL Currypulver
1 gehäufter EL Mehl
500 ml Geflügelbrühe
Salz, weißer Pfeffer
75 g Schmand

ZUBEREITUNG: ca. 20 Min.

1. Die Schalotte und den Knoblauch abziehen und fein hacken. 1 Banane schälen und mit einer Gabel fein zerdrücken.

2. Die Margarine in einem Topf erhitzen. Die Schalotten- und Knoblauchwürfelchen darin glasig dünsten. Den Curry einstreuen und unter Rühren leicht bräunen. Das Bananenmus einrühren. Das Mehl darüber streuen und unter Rühren 2 Min. rösten. Die Brühe angießen und einmal aufkochen lassen.

3. Die Suppe mit Salz, Pfeffer und Curry würzen. Im Mixer oder mit dem Zauberstab cremig pürieren. Den Schmand unterheben.

4. Die Bananenhälfte schälen und grob zerdrücken. In die Suppe rühren. Nochmals kurz erwärmen.

TIPP

Sie möchten das Rezept lieber ohne Knoblauch zubereiten? Dann verwenden Sie einfach 2–3 EL gehackten Bärlauch. Den gibt's tiefgekühlt in jedem gut sortierten Supermarkt.

Nährwerte pro Portion:

195 kcal • **13 g** Eiweiß • **9 g** Fett • **15 g** Kohlenhydrate

Rote Gemüsesuppe

FÜR 2 PERSONEN

1/2 rote Paprikaschote (75 g)
25 g Sellerieknolle
1 EL Öl
200 g stückige Tomaten (Fertigprodukt)
1 EL Tomatenmark
250 ml Gemüsebrühe
1 kleine Knoblauchzehe
1 TL Balsamessig
1 TL Traubenzucker
5 EL Sahne
Salz, Pfeffer
1/2 Bund Basilikum

ZUBEREITUNG: 20 Min.

1. Die Paprika waschen und putzen. Den Sellerie dünn schälen. Beides in kleine Würfel schneiden.

2. Das Öl in einem Topf erhitzen. Die Gemüsewürfel darin 5 Min. unter Rühren dünsten. Tomatenstückchen, Tomatenmark und Brühe einrühren. Einmal aufkochen lassen.

3. Den Knoblauch abziehen und dazupressen. Essig, Traubenzucker und Sahne unterrühren. Die Suppe mit Salz und Pfeffer würzen.

4. Das Basilikum waschen, trockentupfen und die Blättchen fein schneiden. Die Suppe portionsweise anrichten und mit dem Basilikum bestreuen.

Nährwerte pro Stück:

175 kcal • **3 g** Eiweiß • **14 g** Fett • **9 g** Kohlenhydrate

Pfannkuchen-Wraps
mit Schinken und Oliven

FÜR 2–3 PERSONEN
FÜR DEN TEIG

200 g Mehl
150 ml Milch
2 Eier
1 TL Salz
Öl zum Braten

FÜR DIE SCHINKENFÜLLUNG

1/2 rote Paprikaschote (75 g)
100 g gekochter Schinken
150 g Kräuterfrischkäse
2–3 EL Milch (bei Bedarf)
Salz, Pfeffer, Paprikapulver

FÜR DIE OLIVENFÜLLUNG

50 g grüne Oliven (aus dem Glas)
50 g getrocknete Tomaten in Öl
(aus dem Glas)
150 g Frischkäse
1 kleine Knoblauchzehe

ZUBEREITUNG: ca. 60 Min.

1. Für den Teig Mehl und etwas Milch verrühren. Nach und nach die restliche Milch sowie 200 ml Wasser einrühren, bis ein glatter Teig entsteht. Eier und Salz unterquirlen.

2. Etwas Öl in einer beschichteten Pfanne erhitzen. Eine Schöpfkelle Teig hineingeben und gleichmäßig in der Pfanne verteilen. Den Pfannkuchen bei mittlerer Hitze 1–2 Min. backen, wenden und die zweite Seite kurz backen. Den fertigen Pfannkuchen auf einem Teller abkühlen lassen. Auf diese Weise noch 5 dünne Pfannkuchen backen.

3. Für die Schinkenfüllung die Paprika waschen und putzen. Mit dem Schinken in kleine Würfel schneiden. Die Würfelchen mit dem Frischkäse verrühren. Bei Bedarf etwas Milch unterrühren. Mit Salz, Pfeffer und Paprikapulver abschmecken.

4. Für die Olivenfüllung die Oliven und Tomaten abtropfen lassen und mit Küchenpapier trockentupfen. Beides klein würfeln. Mit dem Frischkäse verrühren. Den Knoblauch abziehen und dazupressen.

5. Je 3 Pfannkuchen mit Schinken- und Olivenfüllung bestreichen und fest aufrollen. Die Rollen schräg halbieren und portionsweise anrichten. Kalt servieren.

TIPP

Füllen Sie nach Herzenslust. Lecker schmecken die Wraps auch mit der süßen Nuss-Nugat-Creme (siehe Seite 32). Besonders Kinder lieben diese Pfannkuchen – am besten direkt aus der Hand.

VARIANTE

Für **Thunfisch-Wraps** 1 Dose Thunfisch im eigenen Saft (195 g Füllgewicht) abgießen und abtropfen lassen. 1 kleine Zwiebel abziehen und fein hacken. Mit dem Fisch, 3 EL Mayonnaise und 1 EL Zitronensaftkonzentrat verrühren. Kräftig mit Salz und Pfeffer würzen. Wie beschrieben füllen.

Nährwerte pro Portion:

720 kcal • **28 g** Eiweiß • **40 g** Fett • **62 g** Kohlenhydrate

Herzhafte Knusperchen

FÜR 20 STÜCK

1 Knoblauchzehe
170 g Gouda
250 g Weizenmehl (Type 1050)
175 g Margarine
Salz, weißer Pfeffer
100 g roher Schinken
100 g Oliven
5 EL Sahne (ersatzweise ungesüßte Dosenmilch)
50 g geschälter Sesam
Backpapier fürs Blech
Mehl zum Arbeiten

ZUBEREITUNG: ca. 15 Min.
BACKZEIT: ca. 25 Min.

1. Den Knoblauch abziehen. Mit dem Käse fein hacken. Mehl und Margarine zu einem glatten Teig verkneten. Käse, Knoblauch, Salz und Pfeffer unterkneten.

2. Den Backofen auf 200° vorheizen. Ein Backblech mit Backpapier belegen. Den Schinken in Würfel schneiden.

3. Den Teig auf bemehlter Arbeitsfläche zu einer Rolle (ca. 3 cm ⌀) formen. Die Rolle in 20 Scheiben schneiden. In jede Scheibe eine Vertiefung drücken und Schinkenwürfel und Oliven einfüllen. Die Scheiben zusammenklappen und zu Kugeln formen.

4. Die Kugeln zuerst in Sahne, dann in Sesam wenden und aufs Blech setzen. Im Ofen (Mitte, Umluft 180°) in ca. 25 Min. goldgelb backen.

TIPP

Die knusprigen Kugeln sind ein leckerer Snack. Gerade in der Karenzphase vertreiben sie den kleinen Hunger zwischendurch. Füllen Sie die Knusperchen zur Abwechslung auch mit Putenbrust, gekochtem Schinken oder Peperoni.

Nährwerte pro Portion:

185 kcal • **5 g** Eiweiß • **14 g** Fett • **9 g** Kohlenhydrate

Tomatendip

FÜR 2 PERSONEN

150 g Quark
100 g Frischkäse
1 EL Tomatenmark
2–3 EL Milch
1 kleine Tomate
1/2 kleine Zwiebel
1/2 Bund Schnittlauch
Salz, Pfeffer

ZUBEREITUNG: ca. 15 Min.

1. Den Quark mit Frischkäse, Tomatenmark und Milch verquirlen.

2. Die Tomate waschen und den Stielansatz entfernen. Die Frucht fein würfeln. Die Zwiebel abziehen und fein hacken. Beides unter den Quark heben.

3. Den Schnittlauch waschen, trockenschütteln und in feine Ringe schneiden. Unter den Tomatenquark rühren. Mit Salz und Pfeffer abschmecken.

TIPP

Servieren Sie den fruchtigen Dip zu den Knusperchen – aber nicht nur. Er schmeckt auch zu Fleisch, Fisch und Kartoffeln oder als Brotaufstrich.

Nährwerte pro Stück:

245 kcal • **14 g** Eiweiß • **18 g** Fett • **5 g** Kohlenhydrate

Gemüse-Appenzeller-Carpaccio

FÜR 2 PERSONEN

1 TL Zitronensaftkonzentrat
(ersatzweise Zitronensaft)
1/4 TL Essigessenz
4 TL Traubenkernöl
1 TL gehackter Dill
Salz, weißer Pfeffer
Traubenzucker
100 g Appenzeller in dünnen
Scheiben (ersatzweise Bergkäse
oder Emmentaler)
3 Radieschen
1 gelbe Paprikaschote
1 Zucchino

ZUBEREITUNG: ca. 25 Min.
RUHEZEIT: ca. 30 Min.

1. Das Zitronensaftkonzentrat mit Essigessenz, 2–3 TL Wasser und Öl verquirlen. Den Dill einrühren. Die Marinade mit Salz, Pfeffer und Traubenzucker abschmecken.

2. Den Käse in 2 cm große Rauten schneiden. Die Käserauten mit der Marinade mischen.

3. Die Radieschen waschen, putzen und in dünne Scheiben schneiden. Die Paprika waschen, halbieren, putzen und in 2 cm große Rauten schneiden. Den Zucchino waschen, putzen, längs halbieren und in dünne Scheiben schneiden.

4. Die Gemüsestücke behutsam unter den Käse heben. Ca. 30 Min. durchziehen lassen. Das Carpaccio auf zwei Tellern anrichten.

Nährwerte pro Portion:

285 kcal • **17 g** Eiweiß • **21 g** Fett • **6 g** Kohlenhydrate

Joghurt-Avocado-Creme

FÜR 2 PERSONEN

1 Zitrone
250 g Naturjoghurt
1 TL Traubenzucker
1 weiche Avocado
Salz, Pfeffer

ZUBEREITUNG: ca. 15 Min.

1. Die Zitrone auspressen. Den Saft mit Joghurt und Traubenzucker verquirlen.

2. Die Avocado längs halbieren und den Kern herauslösen. Das Fruchtfleisch mit einem Löffel herausheben. Mit einer Gabel fein zerdrücken.

3. Das Avocadopüree sofort unter die Joghurtcreme heben. Die Avocadocreme kräftig mit Salz und Pfeffer würzen.

TIPP

Durch ihren hohen Fettgehalt wird die Avocadocreme – trotz des Zitronensafts – meist schon in der Karenzphase gut vertragen. Das Fruchtfleisch der Avocado wird bei Luftkontakt sehr schnell braun. Rühren Sie deshalb unbedingt zuerst die Joghurtcreme und bereiten Sie dann das Avocadopüree zu. Fix vermischen – und die Creme bleibt schön hell.

Nährwerte pro Portion:

370 kcal • **7 g** Eiweiß • **34 g** Fett • **10 g** Kohlenhydrate

Orangen-Curry-Dip

FÜR 2 PERSONEN

125 g Quark
125 g Naturjoghurt
50 ml Orangensaft
1/2 TL Honig
1 kleine Knoblauchzehe
Salz, Currypulver

ZUBEREITUNG: ca. 15 Min.

1. Den Quark mit Joghurt, Orangensaft und Honig verquirlen.

2. Den Knoblauch abziehen und zur Quarkcreme pressen. Die Creme mit Salz und Curry würzig abschmecken.

TIPP

Der Orangen-Curry-Dip passt gut zu Geflügel- oder Reisgerichten. Auch zum Dippen für eine Möhre zwischendurch ist er ein Genuss. Während der Karenzphase ersetzen Sie den Honig einfach durch Traubenzucker.

Nährwerte pro Portion:

125 kcal • **10 g** Eiweiß • **5 g** Fett • **9 g** Kohlenhydrate

Kartoffel-Schinken-Muffins

FÜR 12 STÜCK

200 g Kartoffeln
Salz
200 g Mehl
2 TL Backpulver
100 g Butter
1 Zwiebel
100 g gekochter Schinken
1 Ei
Pfeffer, Muskatnuss
150 ml Milch
12 Papierförmchen fürs Blech

ZUBEREITUNG: ca. 20 Min.

BACKZEIT: ca. 20 Min.

1. Die Kartoffeln waschen, schälen und in Salzwasser zugedeckt 15–20 Min. garen. Abgießen, leicht abkühlen lassen und grob raspeln.

2. Den Backofen auf 200° vorheizen. Die Papierförmchen in die Mulden des Muffinblechs setzen. Mehl und Backpulver mischen.

3. Die Butter schmelzen und zum Mehl gießen. Die Zwiebel abziehen und fein hacken. Den Schinken in kleine Würfel schneiden. Zwiebel, Schinken, Kartoffeln und Ei zur Mehlmischung geben. Mit Salz, Pfeffer und Muskatnuss würzen.

4. Die Milch mit einem Holzlöffel unter die Mehlmischung rühren, bis ein klebriger Teig entsteht. Den Teig in die Mulden füllen. Im Backofen (Mitte, Umluft 180°) ca. 20 Min. backen.

5. Die Muffins 5 Min. im Blech ruhen lassen. Herausnehmen und auf einem Kuchengitter auskühlen lassen.

TIPP

Sie haben kein Muffinblech? Macht nichts. Setzen Sie einfach 2–3 Papierförmchen ineinander.

Nährwerte pro Portion:

155 kcal • **5 g** Eiweiß • **8 g** Fett • **15 g** Kohlenhydrate

Gemüsewaffeln

FÜR 2 PERSONEN

100 g Kartoffeln
250 g Möhren
1 kleiner Zucchino
1 kleine Zwiebel
2 Eier
2 EL Vollkornmehl (ca. 50 g)
1 EL Speisestärke
Salz, Pfeffer
1/2 TL gemahlener Ingwer
Fett fürs Waffeleisen

ZUBEREITUNG: ca. 45 Min.

1. Die Kartoffeln waschen und schälen. Die Möhren putzen und dünn schälen. Den Zucchino waschen und putzen. Alles in feine Streifen raspeln.

2. Die Zwiebel abziehen und fein hacken. Mit dem Gemüse mischen.

3. Eier, Mehl und Speisestärke mit dem Handrührgerät unter die Gemüsemischung rühren. Den Teig mit Salz, Pfeffer und Ingwer herzhaft würzen. Ca. 25 Min. quellen lassen.

4. Das Waffeleisen auf schwache bis mittlere Temperatur vorheizen. Die Backflächen dünn einfetten. 3 EL Teig in die Mitte der unteren Backfläche geben. Etwas andrücken und das Waffeleisen schließen. Die Waffeln nacheinander langsam knusprig goldgelb backen. Auf ein Kuchengitter legen. Fortfahren, bis der gesamte Teig aufgebraucht ist.

TIPP

Warm oder kalt – diese Waffeln schmecken immer. Dazu passt die Joghurt-Salatcreme (siehe Seite 49). Wählen Sie am Waffeleisen lieber eine niedrigere Einstellung, auch wenn sich die Backzeit dadurch etwas verlängert. Die Waffeln sind so bekömmlicher.

Nährwerte pro Stück:

245 kcal • **12 g** Eiweiß • **6 g** Fett • **36 g** Kohlenhydrate

Brokkolitorte

**FÜR 12 STÜCK
(1 SPRINGFORM, 26 CM Ø)**

150 g tiefgekühlter Brokkoli
100 g weiche Butter
200 g Mehl
4 EL Milch
Salz
200 g Cocktailtomaten
250 g Schmand
200 g Frischkäse
3 Eier
weißer Pfeffer
Fett für die Form
Mehl zum Arbeiten

ZUBEREITUNG: ca. 20 Min.
BACKZEIT: ca. 55 Min.

1. Den Backofen auf 200° vorheizen. Die Backform fetten. Den Brokkoli antauen lassen.

2. Die Butter schaumig schlagen. Mit Mehl, Milch und Salz zu einem geschmeidigen Teig verkneten.

3. Den Teig auf bemehlter Arbeitsfläche dünn ausrollen und in die Form legen. Dabei einen 2 cm hohen Rand formen. Den Teig mehrmals mit der Gabel einstechen. Im Ofen (Mitte, Umluft 180°) 15 Min. backen.

4. Den Brokkoli in Röschen schneiden. Gleichmäßig auf dem Boden verteilen. Die Tomaten waschen, halbieren und zwischen den Brokkoli legen.

5. Den Schmand mit Frischkäse und Eiern verquirlen. Mit Salz und Pfeffer würzen und über das Gemüse gießen. Die Torte im warmen Backofen (Mitte, Umluft 180°) 30–40 Min. backen, bis der Eischaum goldgelb und stichfest ist.

TIPP

Diese Brokkolitorte sieht toll aus – und schmeckt himmlisch gut. Sie können sie auch mit anderen Gemüsesorten zubereiten. Durch den Mürbeteig und den Eischaum eignet sich diese Torte schon für die Karenzphase. Sie lässt sich gut vorbereiten und schmeckt warm und kalt.

Nährwerte pro Portion:

245 kcal • **6 g** Eiweiß • **18 g** Fett • **14 g** Kohlenhydrate

Spinat mit Gorgonzola-Creme

FÜR 2 PERSONEN

1 Schalotte
1 EL Öl
375 g tiefgekühlter Blattspinat
Salz, weißer Pfeffer, Muskatnuss
70 g Gorgonzola
5 EL Sahne
2–3 EL Weißwein

ZUBEREITUNG: ca. 10 Min.

1. Die Schalotte abziehen und fein hacken.

2. Das Öl in einem breiten Topf erhitzen und den Spinat darin unter Rühren auftauen. Die Schalottenwürfel einrühren. Das Gemüse ca. 10 Min. garen, bis die Flüssigkeit verdampft ist. Mit Salz, Pfeffer und Muskat würzen.

3. Den Gorgonzola in Würfel schneiden. Die Sahne mit dem Wein erhitzen. Den Käse einrühren und schmelzen lassen. Die Sauce mit Pfeffer würzen.

4. Den Spinat portionsweise mit der Gorgonzolacreme anrichten.

TIPP

Dieses Gemüsegericht ist im Nu fertig. Servieren Sie dazu noch ein paar Scheibchen frisches Weißbrot. Auch lecker dazu: schmale Bandnudeln. Den Wein können Sie in der Karenzphase durch Gemüsebrühe ersetzen. Und statt Gorgonzola schmeckt auch Schafkäse (mindestens 60 % Fett).

Nährwerte pro Portion:

290 kcal • **12 g** Eiweiß • **24 g** Fett • **5 g** Kohlenhydrate

Luftiger Kartoffelauflauf

FÜR 2 PERSONEN

500 g Kartoffeln
2 Eier
Salz, Pfeffer
edelsüßes Paprikapulver
Muskatnuss
100 g Sahne
50 g Butter
40 g geriebener Emmentaler
1–2 TL Semmelbrösel
Fett für die Form

ZUBEREITUNG: ca. 25 Min.
BACKZEIT: ca. 35 Min.

1. Die Kartoffeln waschen, schälen und in Wasser zugedeckt ca. 20 Min. garen. Abgießen. Den Backofen auf 200° vorheizen. Eine Auflaufform fetten.

2. Die Eier trennen. Die Eiweiße steif schlagen. Die Eigelbe verquirlen. Kräftig mit Salz, Pfeffer, Paprikapulver und Muskatnuss würzen.

3. Die heißen Kartoffeln mit dem Handrührgerät zerkleinern. Mit Sahne, 40 g Butter und Käse zu einem cremigen Püree verrühren. Die Eigelbmasse unterrühren. Den Eischnee behutsam unterheben.

4. Die Kartoffelmasse gleichmäßig in der Form verteilen. Dünn mit Semmelbröseln bestreuen. Die restliche Butter in Flöckchen teilen und darauf legen. Den Auflauf im Ofen (Mitte, Umluft 180°) in ca. 35 Min. goldgelb backen.

UND DAZU

Wer mag, serviert zum Auflauf noch einen grünen Salat.

Nährwerte pro Portion:

665 kcal • **18 g** Eiweiß • **48 g** Fett • **39 g** Kohlenhydrate

Spinat-Lasagne

FÜR 2 PERSONEN

1 Hähnchenbrustfilet (ca. 150 g)
1 Zwiebel
1 kleine Knoblauchzehe
1 EL Öl
500 g tiefgekühlter Blattspinat
100 g Doppelrahm-Kräuter-frischkäse
75 ml Milch
Salz, Pfeffer, Muskatnuss
1 gestrichener TL gekörnte Gemüsebrühe
4 Lasagneblätter
50 g geriebener Käse

ZUBEREITUNG: ca. 30 Min.
GARZEIT: ca. 35 Min.

1. Das Fleisch kalt abspülen, trockentupfen und in dünne Streifen schneiden. Zwiebel und Knoblauch abziehen und fein hacken.

2. Das Öl erhitzen. Die Zwiebel- und Knoblauchwürfel darin andünsten. Das Fleisch einrühren und anbraten. Den Spinat zugeben. Zugedeckt ca. 15 Min. garen, bis die Blätter aufgetaut sind. Frischkäse und Milch einrühren. Kräftig mit Salz, Pfeffer, Muskat und Brühepulver würzen.

3. Den Backofen auf 220° vorheizen. Ein Drittel der Spinatmasse in einer Auflaufform verteilen. 2 Lasagneblätter darauf legen. Wieder ein Drittel Spinat einschichten. Mit 2 Nudelblättern abdecken. Das letzte Drittel Spinat darauf verteilen.

4. Die Lasagne mit Käse bestreuen und im Ofen (Mitte, Umluft 200°) in ca. 35 Min. goldgelb backen.

TIPP

Auch lecker: 150 g Schafkäsewürfel statt Hähnchenbrust. Diese jedoch erst unter das fertige Gemüse mischen. Achten Sie darauf, dass die Lasagne mit Spinat abschließt. So können die Nudelblätter gut quellen.

Nährwerte pro Portion:

565 kcal • **40 g** Eiweiß • **27 g** Fett • **40 g** Kohlenhydrate

Bandnudeln mit Pfifferlingen und Pinienkernen

FÜR 2 PERSONEN

200 g Bandnudeln
Salz
1 TL getrocknete Steinpilze
200 g frische Pfifferlinge
1 Schalotte
1 EL Öl
75 g Schmand
Pfeffer, getrockneter Majoran
25 g Pinienkerne

ZUBEREITUNG: ca. 30 Min.

1. Die Nudeln nach Packungsangabe in kochendem Salzwasser bissfest garen.

2. Die Steinpilze kalt abspülen. Mit 100 ml heißem Wasser übergießen und 10 Min. quellen lassen. Die Pfifferlinge trocken abbürsten und putzen. Die Schalotte abziehen und fein hacken.

3. Das Öl erhitzen und die Schalotte darin anbraten. Die Pfifferlinge einstreuen und mitbraten. Die Steinpilze aus dem Einweichwasser nehmen und fein hacken. Den Sud aufbewahren. Die Steinpilze unter die Pfifferlinge rühren und 5 Min. mitgaren.

4. Den Schmand und 2–3 EL Pilzsud in das Gemüse rühren. Mit Salz, Pfeffer und Majoran würzen. Die Pinienkerne in einer beschichteten Pfanne ohne Fett bei mittlerer Hitze goldgelb rösten.

5. Die Nudeln abgießen und abtropfen lassen. Portionsweise mit dem Pilzgemüse anrichten. Mit den Pinienkernen bestreuen.

VARIANTE

Außerhalb der Pfifferlingsaison bereiten Sie das Pilzgemüse einfach mit 200 g Champignons zu. Besonders fein schmecken natürlich selbst gesammelte Waldpilze.

Nährwerte pro Portion:

600 kcal • **17 g** Eiweiß • **23 g** Fett • **80 g** Kohlenhydrate

Mexikanische
Tortillas

FÜR 2 PERSONEN
FÜR DEN TEIG

75 g Maismehl
1 gehäufter EL Mehl (25 g)
Salz
250 ml Milch
2 Eier
1 TL Butter
Öl zum Braten

FÜR DIE FÜLLUNG

125 g Kidneybohnen
(aus der Dose)
2 kleine Tomaten
1 kleine Zwiebel
1 kleine Knoblauchzehe
1 TL Öl
150 g Hackfleisch
3 TL Tomatenmark
Salz, Chilipulver

ZUBEREITUNG: ca. 45 Min.

1. Für den Teig Maismehl, Mehl und Salz mischen. Die Milch mit einem Schneebesen langsam einrühren, bis ein dünnflüssiger Teig entsteht. Die Eier kräftig unterquirlen. Die Butter schmelzen und in den Teig rühren.

2. Etwas Öl in einer beschichteten Pfanne (24 cm ⌀) erhitzen. Eine Schöpfkelle Teig hineingeben und gleichmäßig in der Pfanne verteilen. Den Pfannkuchen bei mittlerer Hitze 1–2 Min. backen. Wenden und die zweite Seite kurz backen. Den fertigen Pfannkuchen auf einen Teller gleiten lassen. Auf diese Weise noch 3 dünne Pfannkuchen backen.

3. Für die Füllung die Bohnen abtropfen lassen. Die Tomaten waschen und die Stielansätze entfernen. Die Früchte in kleine Würfel schneiden. Zwiebel und Knoblauch abziehen und fein hacken.

4. Das Öl erhitzen und die Zwiebel- und Knoblauchwürfel darin anbraten. Das Hackfleisch einrühren und rundum braun anbraten. Die Bohnen, die Tomaten und das Tomatenmark unterrühren. Ca. 5 Min. kochen lassen. Die Sauce mit Salz und Chilipulver pikant abschmecken.

5. Auf jede Tortilla einige Löffel Hackfleischsauce streichen und aufrollen. Sofort servieren.

UND DAZU

Zu den Tortillas schmeckt die frische Joghurt-Avocado-Creme (siehe Seite 59).

Nährwerte pro Portion:
820 kcal • 45 g Eiweiß • 35 g Fett • 81 g Kohlenhydrate

»Risi e bisi« (Reis mit Erbsen)

FÜR 2 PERSONEN

1 kleine Zwiebel
2 EL Olivenöl
250 g Langkornreis (parboiled)
125 g Erbsen
(frisch oder tiefgekühlt)
1 TL Salz

ZUBEREITUNG: ca. 30 Min.

1. Die Zwiebel abziehen und fein hacken.

2. Das Öl in einem Topf erhitzen. Die Zwiebelwürfel und den Reis darin unter Rühren glasig dünsten.

3. 500 ml Wasser angießen. Erbsen und Salz einrühren und aufkochen. Den Herd ausschalten und den Reis zugedeckt ca. 25 Min. quellen lassen, bis das Wasser aufgesogen ist.

TIPP

Der schnell zubereitete Reis reicht für zwei Personen als Hauptgericht oder für vier Personen als Beilage. Besonders Kinder lieben dieses bunte Reisgericht.

Nährwerte pro Portion:

570 kcal • **12 g** Eiweiß • **11 g** Fett • **106 g** Kohlenhydrate

Bunte Reispfanne mit Cashews

FÜR 2 PERSONEN

100 g Basmatireis
Salz
150 g Möhren
150 g Zucchini
3 TL Öl
75 g Cashewkerne
Pfeffer, Currypulver

ZUBEREITUNG: ca. 30 Min.

1. Den Reis in 250 ml kochendes Salzwasser einstreuen und zugedeckt bei schwacher Hitze 15 Min. quellen lassen.

2. Die Möhren putzen und dünn schälen. Die Zucchini waschen und putzen. Beides in kurze Stifte schneiden. Das Öl in einer Pfanne oder einem Wok erhitzen und die Möhren darin bei mittlerer Hitze 5 Min. anbraten. Die Zucchini einrühren. Die Gemüse weitere 5 Min. braten.

3. Die Cashews in einer beschichteten Pfanne ohne Fett bei schwacher Hitze unter Rühren goldgelb rösten.

4. Den Reis und die Cashews unter das Gemüse heben. Mit Salz, Pfeffer und Curry würzig abschmecken.

TIPP

Lieber Paprika und Champignons? Aber gerne. Bereiten Sie die Reispfanne ruhig mit Ihrem Lieblingsgemüse zu. Wer mag, serviert dazu den Orangen-Curry-Dip (siehe Seite 59).

Nährwerte pro Portion:

480 kcal • **11 g** Eiweiß • **24 g** Fett • **55 g** Kohlenhydrate

Gebackener Kräuterlachs

FÜR 2 PERSONEN

2 Lachsfilets (à 200 g)
1/2 Zitrone
2 kleine Frühlingszwiebeln
1/2 Bund gemischte Kräuter
(frisch oder tiefgekühlt)
Salz, Currypulver
1 Eiweiß
Backpapier fürs Blech

ZUBEREITUNG: ca. 15 Min.
MARINIERZEIT: ca. 2 Std.
GARZEIT: ca. 15 Min.

1. Den Fisch kalt abspülen, mit Küchenpapier trockentupfen und in große Würfel schneiden. Die Zitrone auspressen. Den Saft über den Fisch träufeln.

2. Die Frühlingszwiebeln waschen, putzen und mit Grün hacken. Die Kräuter waschen, trockenschütteln und fein hacken. Beides unter den Fisch mischen. Die Würfel mit Salz und Curry würzen. Zugedeckt 1–2 Std. im Kühlschrank marinieren.

3. Den Backofen auf 220° vorheizen. Ein Backblech mit Backpapier belegen. Das Eiweiß steif schlagen. Die Fischwürfel durch den Eischnee ziehen, bis sie rundum umhüllt sind. Aufs Blech legen.

4. Die Lachswürfel im Backofen (Mitte, Umluft 200°) in ca. 15 Min. goldgelb backen. Dazu gibt's Ofenkartoffeln oder Baguette.

FETTE FISCHE

Lachs ist besonders reich an hochwertigen und gesunden Fetten. Seine Omega-3-Fettsäuren beugen Herz-Kreislauf-Erkrankungen vor und hemmen Entzündungen. So gesund sind auch Hering, Thunfisch und Makrele.

Nährwerte pro Portion:

425 kcal • 42 g Eiweiß • 27 g Fett • 2 g Kohlenhydrate

Seelachs auf Senfgemüse

FÜR 2 PERSONEN

2 Seelachsfilets (à 150 g)
1/2 Zitrone
1/2 Stange Lauch
1 Möhre (100 g)
75 g Sellerieknolle
1 EL Öl
50 ml Gemüsebrühe
Salz, Pfeffer
100 g Schmand
1 TL mittelscharfer Senf

ZUBEREITUNG: ca. 35 Min.

1. Den Fisch kalt abspülen und mit Küchenpapier trockentupfen. Die Zitrone auspressen. Den Saft über den Fisch träufeln.

2. Den Lauch putzen, längs aufschneiden und waschen. Die Stange in feine Ringe schneiden. Möhre und Sellerie putzen, schälen und in dünne Stifte schneiden.

3. Das Öl in einem breiten Topf erhitzen. Das Gemüse 2 Min. darin dünsten. Die Brühe angießen und aufkochen lassen.

4. Den Fisch salzen, pfeffern und auf das Gemüse legen. Zugedeckt bei schwacher bis mittlerer Hitze 10 Min. garen. Den Fisch vorsichtig herausheben.

5. Schmand und Senf unter das Gemüse rühren. Mit Salz und Pfeffer würzen. Das Senfgemüse portionsweise mit dem Fisch anrichten. Dazu passt Weißbrot oder Reis.

ZITRONE UND FISCH

Das Säuern von Fisch funktioniert nur mit frischem Zitronensaft. Künstliches Konzentrat kann dem Fischeiweiß nichts anhaben. Beide Fischgerichte sind aber schon in der Karenzphase gut verträglich, denn der Zitronensaft wird nicht weiterverwendet.

Nährwerte pro Portion:

320 kcal • 31 g Eiweiß • 19 g Fett • 7 g Kohlenhydrate

Italienisches
Tomatenhuhn

FÜR 4 PERSONEN

150 g Schalotten
3 Knoblauchzehen
1 Poularde (à 1,5 kg)
Salz, schwarzer Pfeffer
4 EL Öl
3 kleine Rosmarinzweige
4 Lorbeerblätter
3 kleine Dosen geschälte Tomaten
(à 480 g Füllgewicht)
80 g schwarze Oliven

ZUBEREITUNG: ca. 40 Min.
GARZEIT: ca. 40 Min.

1. Den Backofen auf 250° vorheizen. Die Schalotten und den Knoblauch abziehen. Die Schalotten halbieren, den Knoblauch fein hacken.

2. Die Poularde waschen und trockentupfen. Die Keulen abtrennen. Den Körper mit einer Geflügelschere längs halbieren. Die Teile rundum mit Salz und Pfeffer würzen.

3. Das Öl in einem Bräter erhitzen und die Poulardenteile darin rundum kräftig anbraten. Die Schalotten und den Knoblauch einstreuen. Den Rosmarin waschen und trockentupfen. Mit dem Lorbeer und den Tomaten unterrühren. Alles einmal aufkochen lassen. Mit Salz und und Pfeffer würzen. Die Oliven auf dem Huhn verteilen.

4. Den Deckel auflegen und das Huhn im Ofen (Mitte, Umluft 230°) 30 Min. garen. Die Temperatur auf 200° (Umluft 180°) reduzieren. Den Deckel abnehmen und das Huhn nochmals ca. 10 Min. garen, bis das Fleisch knusprig braun ist. Sofort servieren.

TIPP

Servieren Sie zum Tomatenhuhn ganz schlicht italienisches Ciabatta. Das lässt sich gut in die leckere Sauce stippen. Wenn's schnell gehen soll, bereiten Sie das Tomatenhuhn einfach mit 4 Hähnchenbrustfilets zu. Diese müssen bei 200° (Mitte, Umluft 180°) offen nur 25 Min. im Backofen bleiben.

Nährwerte pro Portion:

770 kcal • **58 g** Eiweiß • **54 g** Fett • **13 g** Kohlenhydrate

Gebackene Hähnchenbrust
mit Kräuterkartoffeln

FÜR 2 PERSONEN

500 g Kartoffeln
1 kleiner Zweig Thymian
1 kleiner Zweig Rosmarin
2 EL Öl
1 Knoblauchzehe
2 Hähnchenbrustfilets
Salz, Pfeffer
1 EL Ketchup
1 TL Honig
3 TL Sojasauce
125 ml Gemüsebrühe
400 g Tomaten
1 Zwiebel

ZUBEREITUNG: ca. 20 Min.
GARZEIT: ca. 55 Min.

1. Die Kartoffeln waschen und gründlich abbürsten. Kartoffeln mit sehr fester Schale schälen. Größere Knollen halbieren. Die Kartoffeln in einer großen Auflaufform verteilen. Den Backofen auf 200° vorheizen.

2. Thymian und Rosmarin waschen und trockentupfen. Die Blättchen und Nadeln hacken. Mit dem Öl mischen. Den Knoblauch abziehen und dazupressen. Das Kräuteröl über die Kartoffeln träufeln.

3. Das Fleisch kalt abspülen, trockentupfen und mit Salz und Pfeffer würzen. Zwischen die Kartoffeln legen. Ketchup, Honig und Sojasauce verrühren. Kurz aufkochen lassen. Die Marinade großzügig auf die Filets pinseln.

4. Die Brühe angießen. Alles im Ofen (Mitte, Umluft 180°) 40 Min. garen. Die Kartoffeln dabei einmal wenden.

5. Die Tomaten waschen und die Stielansätze entfernen. Die Früchte je nach Größe halbieren oder vierteln. Die Zwiebel abziehen und in Ringe schneiden. Beides zwischen den Kartoffeln verteilen. Die Fleischpfanne ca. 15 Min. weitergaren.

6. Die Filets portionsweise mit den Kartoffeln und den Tomaten anrichten.

TIPP

Augen auf beim Ketchupkauf! Achten Sie darauf, dass das Ketchup Glukose bzw. Glukosesirup statt Fruktose bzw. Fruktosesirup enthält. Gerade in »Kinderketchups« versteckt sich nämlich häufig Fruktose. Diese Produkte werden gerne mit dem Slogan »ohne Kristallzucker« beworben.

Nährwerte pro Portion:

555 kcal • **64 g** Eiweiß • **13 g** Fett • **46 g** Kohlenhydrate

Gemüse-Fleisch-Spieße

FÜR 2 PERSONEN

250 g Putenschnitzel
2 EL Öl
3 EL Sojasauce
2 EL Ketchup
1 TL Senf
Salz, Pfeffer
100 g kleine Champignons
1 kleiner Zucchino
1/2 gelbe Paprikaschote
100 g Cocktailtomaten
4–6 Holzspieße
Backpapier fürs Blech

ZUBEREITUNG: ca. 40 Min.
GARZEIT: ca. 12 Min.

1. Das Fleisch kalt abspülen, mit Küchenpapier trockentupfen und in große Würfel schneiden.

2. Das Öl mit Sojasauce, Ketchup, Senf, Salz und Pfeffer verquirlen. Die Marinade über die Fleischwürfel träufeln.

3. Die Pilze trocken abbürsten und putzen. Zucchino und Paprika waschen, putzen und in Stücke schneiden. Die Tomaten waschen und halbieren.

4. Den Backofen mit Grill auf 180° vorheizen. Ein Backblech mit Backpapier belegen. Fleischwürfel, Pilze, Gemüsestücke und Tomatenhälften abwechselnd auf die Spieße stecken. Das Gemüse mit der verbliebenen Marinade bepinseln.

5. Die Spieße aufs Blech legen. Im Ofen (Mitte, Umluft 160°) 5–6 Min. grillen. Die Spieße wenden und nochmals 5–6 Min. grillen. Die Spieße portionsweise anrichten. Dazu gibt's Bandnudeln oder Ciabatta.

TIPP

Das Stecken der Spieße macht besonders Kindern viel Spaß. Also alle mithelfen! So kann sich jeder seinen eigenen Spieß zusammenstellen.

Nährwerte pro Portion:

285 kcal • **34 g** Eiweiß • **12 g** Fett • **11 g** Kohlenhydrate

Grünes Ingwer-Puten-Gulasch

FÜR 2 PERSONEN

375 g Putenschnitzel
1 TL Sesamöl
150 g Frühlingszwiebeln
125 ml Gemüsebrühe
1 Stück frischer Ingwer (ca. 2 cm)
Pfeffer
1 EL Sojasauce
1/4 Bund Petersilie

ZUBEREITUNG: ca. 35 Min.

1. Das Fleisch kalt abspülen, mit Küchenpapier trockentupfen und in Würfel schneiden.

2. Das Öl in einem breiten Topf stark erhitzen. Die Fleischwürfel darin rundum kräftig anbraten.

3. Die Frühlingszwiebeln waschen, putzen und in schmale Ringe schneiden. Unter das Fleisch rühren und ca. 3 Min. mitbraten. Die Brühe angießen. Das Gulasch zugedeckt ca. 20 Min. schmoren.

4. Den Ingwer schälen und auf der feinen Reibe zum Fleisch reiben. Das Gulasch mit Pfeffer und Sojasauce abschmecken.

5. Die Petersilie waschen, trockenschütteln und fein hacken. Das Gulasch portionsweise anrichten und mit der Petersilie bestreuen. Dazu schmeckt Basmatireis.

Nährwerte pro Portion:

240 kcal • **47 g** Eiweiß • **4 g** Fett • **4 g** Kohlenhydrate

Bunter
Hackbraten

FÜR 16 STÜCK
(1 KASTENFORM, 30 cm)

3 Gewürzgurken
2 eingelegte grüne Paprika-
schoten (ca. 70 g, aus dem Glas)
4 getrocknete Tomaten in Öl
(ca. 100 g, aus dem Glas)
1 kg gemischtes Hackfleisch
2 Eier
3 EL Haferkleieflocken
20 entkernte schwarze Oliven
2 TL Dijon-Senf
Salz, Pfeffer

ZUBEREITUNG: ca. 10 Min.
GARZEIT: ca. 40 Min.

1. Die Gewürzgurken, eingeleg-ten Paprika und Tomaten gut ab-tropfen lassen.

2. Das Hackfleisch mit den Eiern und Kleieflocken verrühren. Den Backofen auf 180° vorheizen.

3. Die Gewürzgurken, Paprika und Tomaten in kleine Würfel schneiden. Die Oliven in dünne Scheiben schneiden. Alles unter den Hackteig rühren. Den Senf untermischen. Den Hackteig kräf-tig mit Salz und Pfeffer würzen.

4. Den Hackteig gleichmäßig in die Form füllen. Im Backofen (Mitte, Umluft 160°) ca. 40 Min. garen.

5. Den heißen Hackbraten in Scheiben schneiden und in der Form servieren. Dazu gibt's Weißbrot zum Dippen.

PARTYGAG

Sie erwarten Gäste? Dann backen Sie den Hackbraten doch in einer runden Pud-dingform. Leicht abgekühlt aus der Form stürzen und warm oder kalt aufs Büfett stellen.

VARIANTE

Käsefans mischen noch 75 g festen Schafkäse (45 % Fett) in Würfelchen unter den Hackteig.

Nährwerte pro Portion:

200 kcal • **15 g** Eiweiß • **14 g** Fett • **4 g** Kohlenhydrate

Schweinefilet
im Gemüsebett

FÜR 2 PERSONEN

250 g Möhren
1/4 Sellerieknolle
200 g Zucchini
200 g tiefgekühlter Brokkoli
1 Zwiebel
250 g Schweinefilet
Salz, weißer Pfeffer
1 EL Margarine
250 ml Gemüsebrühe
1 EL Senf
1 TL Kräuterbuttergewürz
1/2 Kästchen Kresse

ZUBEREITUNG: ca. 35 Min.
GARZEIT: ca. 25 Min.

1. Die Möhren und den Sellerie putzen, dünn schälen und in 2 mm dicke Streifen schneiden. Die Zucchini waschen, putzen und in 1 cm dicke Scheiben schneiden. Den Brokkoli antauen lassen und in Röschen teilen. Die Zwiebel abziehen und fein hacken.

2. Den Backofen auf 200° vorheizen. Das Fleisch mit Küchenpapier trockentupfen. Rundum mit Salz und Pfeffer würzen. Die Margarine in einem Bräter erhitzen und das Filet darin rundum braun anbraten. Herausnehmen und beiseite stellen.

3. Die Zwiebel im Bratfett glasig dünsten. Die Gemüse einrühren. Die Brühe angießen. Mit Salz und Pfeffer würzen.

4. Den Senf mit dem Kräuterbuttergewürz verrühren. Den Würzsenf auf das Filet streichen. Das Filet auf das Gemüse legen und zugedeckt im Ofen (Mitte, Umluft 180°) ca. 25 Min. garen.

5. Die Kresse abspülen, trockenschütteln und vom Beet schneiden. Das Filet portionsweise anrichten und mit der Kresse bestreuen. Dazu schmecken Ofenkartoffeln.

TIPP

Tauschen Sie die Gemüsesorten ganz nach Geschmack und persönlicher Verträglichkeit. Das Filet schmeckt auch auf Blumenkohl, Kohlrabi oder Spitzkohl fein.

Nährwerte pro Portion:

285 kcal • **35 g** Eiweiß • **11 g** Fett • **12 g** Kohlenhydrate

Filetpäckchen
mit Schinken und Käsecreme

FÜR 2 PERSONEN
250 g Schweinefilet
75 g roher Schinken in Scheiben
100 g Schmand
50 ml Milch
50 g Blauschimmelkäse
Salz, Pfeffer
ZUBEREITUNG: ca. 20 Min.
GARZEIT: ca. 20 Min.

1. Den Backofen auf 170° vorheizen. Das Fleisch mit Küchenpapier trockentupfen und in vier Stücke teilen.

2. Jedes Filetstück mit Schinken umwickeln. Die Filetpäckchen nebeneinander in eine Auflaufform setzen. Im Ofen (Mitte, Umluft 150°) 15 Min. garen.

3. Den Schmand mit der Milch in einem kleinen Topf verquirlen. Bei mittlerer Hitze erwärmen. Den Käse würfeln und in der Sauce schmelzen lassen. Die Creme mit Salz und Pfeffer würzen.

4. Die Käsecreme auf den Filetpäckchen verteilen. Die Päckchen ca. 5 Min. weitergaren, bis sie goldgelb überbacken sind.

5. Je 2 Päckchen auf einen Teller setzen. Sofort servieren. Dazu gibt's Bandnudeln oder Kartoffeln.

VARIANTE

Für **Saltimbocca** 4 Kalbsschnitzelchen (250 g) mit je 1 frischen Salbeiblatt belegen und mit dem Schinken umwickeln. Wie beschrieben fortfahren.

Nährwerte pro Portion:
500 kcal • **41 g** Eiweiß • **36 g** Fett • **3 g** Kohlenhydrate

Kernige
Farmersteaks

FÜR 2 PERSONEN

1/2 Bund Blattpetersilie
50 g Erdnusskerne
1 kleine Zwiebel
250 g Rinderhack
1 Ei (Größe S)
Salz, schwarzer Pfeffer
edelsüßes Paprikapulver
1 TL Sojasauce
1–2 TL Haferkleieflocken
Butterschmalz zum Braten

ZUBEREITUNG: ca. 25 Min.

1. Die Petersilie waschen und trockenschütteln. Mit den Erdnüssen fein hacken. Die Zwiebel abziehen und ebenfalls fein hacken.

2. Das Hackfleisch mit dem Ei mischen. Die Petersilien-Nuss-Masse und die Zwiebel einrühren. Mit Salz, Pfeffer, Paprikapulver und Sojasauce würzen. Die Kleieflocken untermischen.

3. Aus dem Hackteig mit feuchten Händen 8 flache Frikadellen formen.

4. Das Butterschmalz in einer Pfanne erhitzen. Die Frikadellen darin von jeder Seite 5–6 Min. braun braten. Herausnehmen und portionsweise anrichten. Dazu schmecken Pommes frites oder Country-Kartoffeln aus dem Backofen.

TIPP

Gerade Kinder lieben diese knackig-nussigen Hacksteaks. Als Burger-Ersatz sind sie der Renner bei Kindergeburtstagen.

VARIANTE

Sie essen lieber mexikanisch? Wie wär's mit **Gefüllten Tacos?** Dafür den Hackteig mit 1 TL gemahlenem Kreuzkümmel statt mit Sojasauce würzen. In einer Pfanne in etwas Öl krümelig braten. 1/4 Eisbergsalat (ersatzweise 1 Romana-Salatherz) in Streifen schneiden und in 2 Taco Shells verteilen. Die heiße Hackmasse und je 1 Klecks Sour Cream darauf geben. Sofort servieren.

Nährwerte pro Portion:

460 kcal • **38 g** Eiweiß • **32 g** Fett • **5 g** Kohlenhydrate

Rindfleisch
mit Zuckerschoten

FÜR 2 PERSONEN

200 g mageres Rinderfilet
1 Stück frischer Ingwer (2 cm)
2 1/2 TL Sojasauce
100 g tiefgekühlte Zuckerschoten
1/2 kleine gelbe Paprikaschote
1 gestrichener TL Speisestärke
60 ml Rinderbrühe
2 TL Sojaöl
1/2 TL dunkles Sesamöl

ZUBEREITUNG: ca. 25 Min.
MARINIERZEIT: ca. 30 Min.

1. Das Fleisch mit Küchenpapier trockentupfen und in feine Streifen schneiden. Den Ingwer schälen und fein raspeln. Das Fleisch mit 2 TL Sojasauce und dem Ingwer mischen. Ca. 30 Min. marinieren lassen.

2. In der Zwischenzeit die Zuckerschoten antauen lassen. Jede Schote schräg halbieren. Die Paprika waschen, putzen und in feine Stifte schneiden. Die Stärke mit 3 TL Brühe verquirlen. Beiseite stellen.

3. Eine Pfanne stark erhitzen. Das Sojaöl hineingießen. Das Fleisch mit der Marinade darin unter Rühren ca. 2 Min. kräftig anbraten. Die Zuckerschoten und Paprikastreifen einstreuen und unter Rühren 2 Min. braten. Die restliche Brühe und Sojasauce, das Sesamöl und die angerührte Stärke zugießen. Kurz erhitzen, bis die Sauce bindet.

4. Das Rindfleisch auf zwei Tellern anrichten. Dazu gibt's eine Schale dampfenden Basmatireis.

AUS DEM WOK

Ganz stilecht bereiten Sie das Rindfleisch in einem Wok zu – nur den hat nicht jeder. Aus der Pfanne schmeckt es genauso lecker. Verzichten Sie auf keinen Fall auf das dunkle Sesamöl. Es gibt diesem Gericht eine besondere Note.

VARIANTE

Noch mehr feine Asienfrische bringen Sie mit den **Zwei Kostbarkeiten** auf den Tisch. Dafür den weißen Teil von 2 Stängeln Zitronengras fein hacken. Den grünen Teil in 3 cm lange Stücke schneiden. Gehacktes Zitronengras und 100 g geschälte Garnelen (frisch oder tiefgekühlt) mit Ingwer und Sojasauce unter die Filetstreifen mischen. Alles 30 Min. durchziehen lassen. Die Zitronengrasstücke mit dem Gemüse anbraten. Wie beschrieben fortfahren.

Nährwerte pro Portion:

190 kcal • **23 g** Eiweiß • **8 g** Fett • **5 g** Kohlenhydrate

Himbeeren

mit Mascarpone und Pinienkernen

FÜR 2 PERSONEN

125 g Himbeeren
(frisch oder tiefgekühlt)
125 g Mascarpone
100 g Naturjoghurt
50 g Traubenzucker
1/2 Vanilleschote
Zimt
2 EL Pinienkerne

ZUBEREITUNG: ca. 25 Min.

1. Die Himbeeren behutsam waschen und abtropfen lassen. Tiefgekühlte Früchte auftauen lassen. Die Beeren in zwei Schälchen verteilen.

2. Den Mascarpone mit Joghurt und Traubenzucker verquirlen. Die Vanilleschote längs aufschlitzen und das Mark herausschaben. Unter die Mascarponecreme rühren.

3. Die Creme gleichmäßig auf den Beeren verteilen. Mit Zimt bestäuben.

4. Die Pinienkerne in einer beschichteten Pfanne ohne Fett bei mittlerer Temperatur unter Rühren goldgelb rösten. Über die Quarkspeise streuen.

TIPP

Bereiten Sie dieses Dessert zur Abwechslung ruhig mal mit anderen verträglichen Beeren zu: zum Beispiel mit Heidelbeeren, Stachelbeeren, Brombeeren oder einer Beerenmischung. Besonders fein schmeckt die Quarkspeise mit Mandelkrokant (siehe Seite 96).

VARIANTE

Mit der Mascarponecreme können Sie auch ein Tiramisu im Glas zaubern. Dafür die Creme wie beschrieben zubereiten. 1 doppelten Espresso mit 1 TL Traubenzucker und 2 Tropfen Bittermandelaroma verrühren. Über 60 g ungezuckerte Cornflakes träufeln. Die Flakes abwechselnd mit der Mascarponecreme in zwei Gläser schichten. Mit Kakao bestäuben und sofort servieren. Wer mag – und wer's verträgt – darf den Espresso noch mit einem Schlückchen Mandel- oder Orangenlikör verfeinern.

Nährwerte pro Portion:

500 kcal • **7 g** Eiweiß • **38 g** Fett • **34 g** Kohlenhydrate

Süße Hefebällchen mit Kirschsauce

FÜR 4 PERSONEN

250 g Mehl
110 g Traubenzucker
1/2 Würfel Hefe (21 g)
60 ml lauwarme Milch
60 g weiche Butter
1 Ei
300 g Sauerkirschen (aus dem Glas)
5 EL Kirschsaft (aus dem Glas)
1 EL Kirschwasser (nach Belieben)
1 TL Balsamessig
1 EL Puderzucker
Mehl zum Arbeiten
Butter für die Form

ZUBEREITUNG: ca. 40 Min.
RUHEZEIT: ca. 1 Std.
BACKZEIT: ca. 15 Min.

1. Das Mehl mit 35 g Traubenzucker mischen. In die Mitte eine Vertiefung drücken. Die Hefe hineinbröseln und die Milch zugießen. Mit den Knethaken des Handrührgeräts verrühren. Mit Butter und Ei ca. 3 Min. zu einem geschmeidigen Teig verkneten.

2. Den Teig zugedeckt an einem warmen Ort ca. 30 Min. aufgehen lassen, bis sich sein Volumen verdoppelt hat. Eine Auflaufform fetten.

3. Den Teig nochmals durchkneten und auf bemehlter Arbeitsfläche 1 cm dick ausrollen. Kreise (ca. 4 cm ⌀) ausstechen und mit ausreichend Abstand in die Form legen.

4. Die Kreise im Backofen bei 50° (Mitte, Umluft 50°) 5 Min. erwärmen. Den Ofen ausschalten und die Kreise in ca. 30 Min. auf doppelte Größe aufgehen lassen. Die Temperatur auf 170° (Umluft 150°) erhöhen und die Bällchen in ca. 15 Min. goldgelb backen.

5. Für die Sauce Kirschen, Saft und 75 g Traubenzucker im Mixer oder mit dem Zauberstab fein pürieren. Das Püree mit Kirschwasser und Essig abschmecken. Auf vier Dessertteller verteilen.

6. Die Hefebällchen auf die Kirschsauce setzen und mit Puderzucker bestäuben.

Nährwerte pro Portion:

515 kcal • 10 g Eiweiß • 15 g Fett • 82 g Kohlenhydrate

Quarkplinsen

FÜR 2 PERSONEN

25 g weiche Butter
20 g Traubenzucker
1 TL Zitronenaroma (Backöl, ersatzweise abgeriebene Bio-Zitronenschale)
2 Eier
250 g Magerquark
75 g Mehl
ca. 2 EL Milch
Margarine zum Braten

ZUBEREITUNG: 25 Min.

1. Die Butter mit Traubenzucker und Zitronenaroma schaumig schlagen. Die Eier einzeln unterrühren und dickschaumig aufschlagen.

2. Den Quark und das Mehl einrühren. So viel Milch unterziehen, bis ein cremiger Teig entsteht.

3. Etwas Margarine in einer Pfanne erhitzen. Pro Plinse 3 EL Teig in der Pfanne verstreichen. Die Plinsen bei mittlerer Hitze von jeder Seite goldgelb braten. Herausnehmen. Auf diese Weise fortfahren, bis der gesamte Teig aufgebraucht ist.

TIPP

Besonders lecker schmecken die Plinsen mit Vanille-Kirsch-Creme (siehe Seite 31) oder Schokobutter (siehe Seite 32). Sie können jedoch auch Obstkompott – zum Beispiel aus Rhabarber (siehe Seite 96) – dazu servieren.

Nährwerte pro Portion:

425 kcal • 26 g Eiweiß • 17 g Fett • 42 g Kohlenhydrate

Joghurtmousse
auf Beerenschaum

FÜR 2 PERSONEN

3 Blatt weiße Gelatine
250 g cremiger Naturjoghurt
1 EL Zitronensaft
2 EL + 100 g Traubenzucker
200 g Himbeeren (frisch oder tiefgekühlt)
1 TL gehackte Pistazien

ZUBEREITUNG: ca. 35 Min.
KÜHLZEIT: ca. 2 Std.

1. Die Gelatine 5 Min. in kaltem Wasser einweichen. Den Joghurt mit Zitronensaft und 2 EL Traubenzucker verquirlen.

2. Die Gelatine ausdrücken und in einem kleinen Topf bei schwacher Hitze auflösen. Mit 2 EL Joghurtcreme verrühren, dann in die restliche Joghurtcreme einrühren. Die Creme ca. 2 Std. kühl stellen.

3. Die Himbeeren behutsam waschen und abtropfen lassen. Tiefgekühlte Früchte auftauen lassen.

4. Die Beeren mit 100 g Traubenzucker im Mixer oder mit dem Zauberstab schaumig pürieren. Das Püree nach Wunsch durch ein feines Sieb streichen und so die Kernchen entfernen.

5. Den Himbeerschaum auf zwei Dessertteller verteilen. Von der Joghurtmousse mit einem Esslöffel Nocken abstechen und auf dem Beerenschaum anrichten. Mit Pistazien bestreuen.

GELATINE

Keine Angst vor Gelatine. Mit folgenden Tricks klappt's ganz sicher:
Die Gelatine nie zum Kochen bringen. Sofort vom Herd nehmen, sobald sie geschmolzen ist.
Einen Temperaturausgleich schaffen. Dafür zuerst einige Löffel der kalten Masse in die flüssige Gelatine rühren. Die Gelatine dann langsam in die restliche kalte Masse rühren.
Wer auf Nummer sicher geben will, verwendet beim ersten Mal 1–2 Gelatineblätter mehr als angegeben. Auch an heißen Tagen empfiehlt es sich, die Gelatinemenge etwas zu erhöhen.

VARIANTE

Auch fein: ein Schaum aus Heidelbeeren, Brombeeren oder einer Beerenmischung. Ganz besonders lecker schmeckt eine Sauce oder ein Salat aus frischen, mit Traubenzucker gesüßten Erdbeeren.

Nährwerte pro Portion:

385 kcal • 8 g Eiweiß • 5 g Fett • 75 g Kohlenhydrate

Rhabarber mit Vanillehäubchen

FÜR 2–3 PERSONEN

250 g Rhabarber
65 g Traubenzucker
3/4 TL flüssiger Süßstoff
1/2 Päckchen Vanillepuddingpulver (zum Kochen für 500 ml Milch)
250 ml Milch
100 g Magerquark
1 EL Schmand
3 EL Mandelblättchen
1 gehäufter EL Zucker

ZUBEREITUNG: ca. 25 Min.

1. Den Rhabarber waschen, putzen und in 1 cm breite Stücke schneiden. Mit 15 g Traubenzucker und Süßstoff in ca. 5 Min. weich kochen. Das Kompott in zwei bis drei Dessertschälchen verteilen und abkühlen lassen.

2. Das Puddingpulver mit 50 ml Milch verquirlen. 200 ml Milch mit 50 g Traubenzucker aufkochen. Das angerührte Puddingpulver einrühren und kurz aufkochen lassen. Den Pudding vom Herd nehmen und 10 Min. abkühlen lassen. Dabei gelegentlich mit dem Schneebesen durchrühren, damit sich keine Haut bildet.

3. Den Quark und den Schmand unter den Pudding rühren. Die

Vanillecreme auf dem Rhabarberkompott verteilen.

4. Die Mandelblättchen mit Zucker in einer beschichteten Pfanne ohne Fett bei starker Hitze unter Rühren rösten, bis der Zucker karamellisiert und die Mandeln goldgelb sind. Den Mandelkrokant auf die Vanillecreme streuen.

TIPP

Keine Lust auf Rhabarber? Probieren Sie dieses Dessert mit Stachelbeeren. Die gibt's ganzjährig als Tiefkühlware.

Nährwerte pro Portion:

290 kcal • **10 g** Eiweiß • **10 g** Fett • **41 g** Kohlenhydrate

Grießflammeri mit Kiwi

FÜR 2 PERSONEN

250 ml Milch
3 TL Traubenzucker
1/2 TL Butter
30 g Grieß
1 Kiwi

ZUBEREITUNG: ca. 40 Min.

1. Die Milch mit dem Traubenzucker aufkochen. Die Butter und den Grieß einrühren. Kurz aufkochen lassen und den Herd ausschalten. Den Grieß zugedeckt in ca. 25 Min. ausquellen lassen. Dabei gelegentlich umrühren, damit sich keine Haut bildet.

2. Die Grießflammeri in zwei Dessertschälchen füllen. Abkühlen lassen.

3. Die Kiwi schälen und längs vierteln. Jede Flammeri mit 2 Kiwivierteln garnieren. Sofort servieren.

FRUCHTIG

Zur Flammeri schmecken auch Melonenspalten, Beeren oder Pfirsichstückchen.

Nährwerte pro Portion:

180 kcal • **6 g** Eiweiß • **6 g** Fett • **26 g** Kohlenhydrate

Desserts

Melonen-Cocktail mit Zimtquark

FÜR 2 PERSONEN
1/4 Honigmelone
200 g Magerquark
100 g saure Sahne
50 g + 1 TL Traubenzucker
1/4 TL Zimt
ZUBEREITUNG: ca. 10 Min.

1. Die Kerne der Honigmelone herausschaben. Die Frucht schälen, das Fruchtfleisch in kleine Würfel schneiden. Die Melonenwürfel in zwei Cocktailgläser füllen.

2. Den Quark mit saurer Sahne und 50 g Traubenzucker verquirlen. Die Quarkcreme auf den Früchten verteilen.

3. Den Zimt mit 1 TL Traubenzucker mischen. Über die Quarkcreme streuen.

Nährwerte pro Portion:

265 kcal • **16 g** Eiweiß • **5 g** Fett • **39 g** Kohlenhydrate

Bananen in Schoko-Chili-Sauce

FÜR 2 PERSONEN
40 g Edelbitterschokolade (70 % Kakao)
50 ml Milch
3 TL Traubenzucker
1 Prise Cayennepfeffer
2 Bananen
1 TL Butter
ZUBEREITUNG: ca. 15 Min.

1. Die Schokolade in Stücke brechen. Die Milch erwärmen. Die Schokolade darin bei schwacher Hitze unter Rühren schmelzen lassen. Traubenzucker und Cayennepfeffer einrühren.

2. Die Bananen schälen. Die Butter in einer Pfanne erhitzen und die Bananen darin bei mittlerer Hitze von beiden Seiten leicht anbraten.

3. Die Bananen auf zwei Dessertteller legen und mit der warmen Schokosauce übergießen. Sofort servieren.

ALLES CHILI?

Aufpassen am Gewürzregal: Gemahlene Chilischoten heißen bei uns Cayennepfeffer – und nicht Chilipulver. Das ist eine Mischung aus Cayennepfeffer, Paprika, Knoblauch und anderen Gewürzen.

Nährwerte pro Portion:

260 kcal • **3 g** Eiweiß • **11 g** Fett • **36 g** Kohlenhydrate

Schokoladeneis

FÜR 4 PERSONEN

1 tagesfrisches Eigelb
100 g Traubenzucker
15 g Kakao
200 ml Milch
150 g Sahne
25 g Edelbitterschokolade
(70 % Kakao)

ZUBEREITUNG: ca. 10 Min.
KÜHLZEIT: ca. 40 Min.

1. Das Eigelb mit Traubenzucker, Kakao und Milch verquirlen, bis der Kakao sich löst.
2. Die Sahne fast steif schlagen. Unter die Kakaomasse heben.
3. Die Schokolade grob hacken und unter die Creme ziehen. Die Masse in der Eismaschine in ca. 40 Min. zu einem cremigen, halbfesten Eis rühren.

TIPP

Verwenden Sie bei allen Eisrezepten unbedingt nur sehr frische Eier. Wenn Sie ganz auf Eier verzichten möchten, nehmen Sie einfach pro Eigelb 50 g Sahne mehr.

VARIANTE

Wer's nussig mag, rührt noch 40 g gehackte Haselnüsse oder 4 Tropfen Bittermandelaroma (Backöl) in die Eismasse.

Nährwerte pro Portion:

310 kcal • **5 g** Eiweiß • **18 g** Fett • **32 g** Kohlenhydrate

Sahniges Vanilleeis

FÜR 4 PERSONEN

4 tagesfrische Eigelbe
100 g Traubenzucker
1 TL gemahlene Bourbon-Vanille
(ersatzweise 2–3 Tropfen Vanillearoma)
150 g Sahne
200 ml Milch

ZUBEREITUNG: ca. 10 Min.
KÜHLZEIT: ca. 40 Min.

1. Die Eigelbe mit Traubenzucker und Vanille mit dem Handrührgerät dickschaumig aufschlagen.

2. Die Sahne und die Milch unter den Eischaum rühren.

3. Die Masse in der Eismaschine in ca. 40 Min. zu einem cremigen, halbfesten Eis rühren.

TIPP

Sie haben keine Eismaschine? Macht nichts. Füllen Sie die Eismasse einfach in eine flache Form und stellen Sie sie zugedeckt ins Tiefkühlfach. Jetzt alle 10 Min. kräftig mit dem Schneebesen umrühren, damit sich keine Kristalle bilden. Nach ca. 1 Std. 30 Min. ist das Eis fertig.

Nährwerte pro Portion:

320 kcal • 6 g Eiweiß • 20 g Fett • 29 g Kohlenhydrate

Fruchtiges Pfirsicheis

FÜR 4 PERSONEN

300 g Pfirsiche (ersatzweise
Nektarinen oder Aprikosen)
100 g Traubenzucker
200 ml Milch
150 g Sahne
1 Eigelb

ZUBEREITUNG: ca. 15 Min.
KÜHLZEIT: ca. 40 Min.

1. Die Pfirsiche kurz überbrühen, kalt abschrecken und häuten. Die Früchte halbieren und die Kerne herauslösen. Das Fruchtfleisch in kleine Würfel schneiden.

2. 50 g Pfirsichwürfel beiseite legen. Die restlichen Würfel mit Traubenzucker und Milch im Mixer oder mit dem Zauberstab fein pürieren.

3. Die Sahne mit dem Eigelb verquirlen. Unter die Pfirsichmilch rühren. Die Pfirsichwürfel unterheben.

4. Die Masse in der Eismaschine in ca. 40 Min. zu einem cremigen, halbfesten Eis rühren.

TIPP

Alle drei Eissorten schmecken frisch aus der Eismaschine am besten. Wird das Eis nicht gleich serviert, füllen Sie es in eine Gefrierbox und lagern es im Tiefkühlfach. Hier wird das Eis jedoch recht fest. Nehmen Sie es deshalb 45 Min. vor dem Servieren heraus.

Nährwerte pro Portion:

295 kcal • 4 g Eiweiß • 15 g Fett • 35 g Kohlenhydrate

Desserts

Bananencreme mit Schokosplits

FÜR 2 PERSONEN

150 g Magerquark
100 g Schmand
70 g Traubenzucker
1 Banane
30 g Edelbitterschokolade
(70 % Kakao)

ZUBEREITUNG: ca. 10 Min.

1. Den Quark mit Schmand und Traubenzucker verquirlen.

2. Die Banane schälen und mit einer Gabel fein zerdrücken. Das Fruchtpüree unter die Quarkcreme heben.

3. Die Schokolade grob hacken. Die Bananencreme in zwei Schälchen füllen und mit den Schokosplits bestreuen.

TIPP

Variieren Sie die Creme mit verträglichen Früchten ganz nach der Jahreszeit.

Nährwerte pro Portion:

440 kcal • 13 g Eiweiß • 18 g Fett • 57 g Kohlenhydrate

Kokoscreme mit Papaya

FÜR 2 PERSONEN

2 Blatt weiße Gelatine
1/2 Vanilleschote
1 Päckchen Instant-Kokos-nusspulver (ersatzweise 100 ml Kokosmilch)
70 g Traubenzucker
100 g Sahne
1/2 Papaya

ZUBEREITUNG: ca. 30 Min.
KÜHLZEIT: ca. 2 Std.

1. Die Gelatine 10 Min. in kaltem Wasser einweichen. Die Vanilleschote längs aufschlitzen und das Mark herausschaben.

2. Das Kokosnusspulver nach Packungsangabe in einem Topf mit 100 ml Wasser verquirlen und lauwarm erwärmen.

3. Die Gelatine ausdrücken und in der warmen Kokoscreme auflösen. Das Vanillemark und den Traubenzucker einrühren. Die Creme ca. 1 Std. kühl stellen, bis sie zu gelieren beginnt und cremig wird.

4. Die Sahne steif schlagen und unter die Creme heben. Die Kokoscreme in zwei Dessertschälchen füllen und im Kühlschrank in ca. 1 Std. schnittfest gelieren lassen.

5. Die Kerne der Papaya herausschaben, beiseite legen. Die Frucht schälen, das Fruchtfleisch würfeln. Die Fruchtwürfel und Papayakerne auf die Kokoscreme streuen.

Nährwerte pro Portion:

335 kcal • 3 g Eiweiß • 16 g Fett • 45 g Kohlenhydrate

Desserts

Mandelcreme mit Holunderstern

FÜR 2 PERSONEN

1/2 Päckchen Vanillepuddingpulver (zum Kochen für 500 ml
Milch)
250 ml Milch
150 g Traubenzucker
60 g gemahlene Mandeln
50 g Mascarpone
250 ml Holundersaft
1 gestrichener EL Speisestärke

ZUBEREITUNG: ca. 40 Min.

1. Das Puddingpulver mit 50 ml
Milch verquirlen. 200 ml Milch
mit 90 g Traubenzucker aufkochen. Das Puddingpulver einrühren und kurz aufkochen lassen.
Mandeln und Mascarpone unterheben. Die Creme in zwei Dessertschälchen füllen.

2. 5 EL Holundersaft mit der
Stärke verquirlen. Den restlichen
Saft mit 60 g Traubenzucker auf-
kochen. Die Stärke einrühren.
Den Herd ausschalten und die
Stärke 10 Min. quellen lassen.

3. Den Holundersaft etwas
abkühlen lassen. Je zur Hälfte
in die Mitte jeder Mandelcreme
gießen. Mit einem Holzstäb-
chen sternförmig nach außen
verziehen.

TIPP

Wunderbar schmeckt diese
Creme auch mit 1 EL Crun-
chy-Müsli (siehe Seite 27).

Nährwerte pro Portion:

780 kcal • **12 g** Eiweiß • **32 g** Fett • **111 g** Kohlenhydrate

Aprikosen im Schokobett

FÜR 2 PERSONEN

80 g Edelbitterschokolade
(70 % Kakao)
50 ml Milch
5 TL Traubenzucker
6 Aprikosen
100 g Doppelrahm-Frischkäse
100 g Sahnequark

ZUBEREITUNG: ca. 30 Min.

1. Die Schokolade in Stücke
brechen. Die Milch mit 1 TL Traubenzucker erwärmen. Die Schokolade darin bei schwacher Hitze
unter Rühren schmelzen lassen.

2. Die Aprikosen waschen, hal-
bieren und entsteinen. Den
Frischkäse mit Quark und 4 TL
Traubenzucker verrühren.

3. Die Schokosauce auf zwei
Dessertteller gießen. Je 3 Apri-
kosenhälften darauf setzen. Die
Quarkcreme als Nocken daneben
anrichten.

VARIANTE

Sie mögen lieber Pfirsiche,
Bananen oder Melonen?
Tauschen Sie die Früchte
einfach nach Belieben und
Verträglichkeit.

Nährwerte pro Portion:

535 kcal • **14 g** Eiweiß • **32 g** Fett • **46 g** Kohlenhydrate

Windbeutel
mit Kirschen und Schokosahne

FÜR 16 STÜCK

FÜR DEN TEIG

100 g Butter
1 Prise Salz
150 g Mehl
4 Eier

FÜR DIE FÜLLUNG

300 g Sauerkirschen (aus dem Glas)
250 g Sahne
100 g Traubenzucker
1 EL Kakao
1 Päckchen Sahnesteif
30 g Edelbitterschokolade (70 % Kakao)

AUSSERDEM

2 EL Puderzucker
Backpapier fürs Blech

ZUBEREITUNG: ca. 40 Min.

BACKZEIT: ca. 15 Min.

1. Für den Teig 250 ml Wasser mit Butter und Salz in einem Topf aufkochen. Das Mehl zugeben. Mit einem Holzlöffel ca. 2 Min. kräftig rühren, bis sich ein Teigkloß bildet und eine dünne weiße Schicht auf dem Topfboden zu sehen ist.

2. Den Teig in eine Rührschüssel füllen. Die Eier einzeln mit den Knethaken des Handrührgeräts unterrühren, bis der Teig glänzt.

3. Den Backofen auf 225° vorheizen. Ein Backblech mit Backpapier belegen. Den Teig in einen Spritzbeutel mit großer Sterntülle füllen und mit 5 cm Abstand 16 Rosetten (ca. 6 cm ⌀) aufs Blech spritzen.

4. Die Windbeutel im Ofen (Mitte, Umluft 200°) ca. 15 Min. backen. Herausnehmen und das obere Drittel der Windbeutel mit einer Schere abschneiden. Ganz auskühlen lassen.

5. Für die Füllung die Kirschen abgießen und abtropfen lassen. Die Sahne mit Traubenzucker, Kakao und Sahnesteif steif schlagen. Die Schokolade fein hacken. Unter die Schlagsahne heben.

6. Jeweils einen Klecks Schokosahne auf die untere Hälfte der Windbeutel geben. Die Kirschen darauf verteilen und die Deckel locker auflegen. Die Windbeutel mit Puderzucker bestäuben.

TIPP

Kein Spritzbeutel im Haus? Dann formen Sie die Teighäufchen einfach mit 2 Esslöffeln.

VARIANTE

Fein schmecken die Windbeutel auch mit Schokosahne und Vanille-Kirsch-Creme (siehe Seite 31). Oder probieren Sie mal Schlagsahne und Bananenscheiben. Wer's cremiger mag, füllt die Windbeutel mit Vanillepudding (mit Traubenzucker gesüßt) oder mit Nuss-Nugat-Creme (siehe Seite 32).

Nährwerte pro Portion:

195 kcal • **3 g** Eiweiß • **12 g** Fett • **17 g** Kohlenhydrate

Marmorierte

Beerentorte

FÜR 12 STÜCK
(1 SPRINGFORM, 26 cm ⌀)
FÜR DEN TEIG

4 Eier
160 g Traubenzucker
120 g Speisestärke
120 g Mehl
1 TL Backpulver

FÜR DIE JOGHURTCREME

7 Blatt weiße Gelatine
500 g Naturjoghurt
1 EL Zitronensaftkonzentrat
(ersatzweise Zitronensaft)
50 g Zucker
100 g Traubenzucker
200 g Sahne

FÜR DAS FRUCHTPÜREE

300 g gemischte Beeren
(frisch oder tiefgekühlt)
60 g Traubenzucker
1 TL flüssiger Süßstoff
3 Blatt weiße Gelatine

AUSSERDEM

Fett und Mehl für die Form

ZUBEREITUNG: ca. 20 Min.
BACKZEIT: ca. 35 Min.
KÜHLZEIT: ca. 4 Std.

1. Den Backofen auf 170° vorheizen. Den Boden der Backform fetten und mit Mehl bestäuben. Die Eier mit 4 EL Wasser mit dem Handrührgerät dickschaumig aufschlagen. Langsam den Traubenzucker einrieseln lassen, dabei auf höchster Stufe weiterschlagen. Stärke, Mehl und Backpulver auf den Teig sieben. Behutsam unterheben.

2. Den Teig in die Form füllen. Im Ofen (Mitte, Umluft 160°) ca. 35 Min. backen. Leicht abgekühlt aus der Form lösen und auf einem Kuchengitter auskühlen lassen.

3. Für die Joghurtcreme die Gelatine in kaltem Wasser einweichen. Joghurt, Zitronensaftkonzentrat, Zucker und Traubenzucker verquirlen. Die Gelatine ausdrücken und in einem kleinen Topf bei schwacher Hitze auflösen. Mit 3 EL Joghurtcreme verrühren, dann in die restliche Joghurtcreme einrühren.

4. Die Creme ca. 15 Min. kühl stellen, bis sie zu gelieren beginnt. Die Sahne steif schlagen und unter die Joghurtcreme heben. Die Creme auf den Tortenboden streichen.

5. Für das Fruchtpüree die Beeren behutsam waschen, putzen und abtropfen lassen. Tiefgekühlte Früchte auftauen lassen. Die Beeren im Mixer oder mit dem Zauberstab fein pürieren. Das Püree durch ein Sieb streichen und mit Traubenzucker und Süßstoff verrühren.

6. Die Gelatine in kaltem Wasser einweichen. Leicht ausdrücken und bei schwacher Hitze auflösen. Mit 3 EL Fruchtpüree verrühren, dann in das restliche Fruchtpüree rühren.

7. Das Fruchtpüree auf der Joghurtcreme verstreichen und mit einer Gabel spiralförmig verziehen. Die Torte ca. 4 Std. kühl stellen.

Nährwerte pro Portion:

305 kcal • 7 g Eiweiß • 9 g Fett • 50 g Kohlenhydrate

Schmandkuchen

FÜR 16 STÜCK
(1 TIEFES BACKBLECH)
FÜR DEN TEIG
250 g Butter
220 g Traubenzucker
1 Ei
460 g Mehl
1 Päckchen Backpulver
1 TL Zimt

FÜR DEN BELAG
750 g Magerquark
250 g Schmand
1/2 Päckchen Vanillepudding-pulver (zum Kochen für 500 ml Milch)
1 Ei
200 g Traubenzucker
8 Tropfen Zitronenaroma (Backöl, ersatzweise 1 EL Zitronensaft)

AUSSERDEM
Fett und Mehl fürs Blech

ZUBEREITUNG: ca. 40 Min.

BACKZEIT: ca. 45 Min.

1. Den Backofen auf 170° vorheizen. Das Backblech fetten und mit Mehl bestäuben.

2. Die Butter mit Traubenzucker schaumig schlagen. Das Ei unterrühren. Mehl und Backpulver auf den Teig sieben, kurz unterrühren. Zwei Drittel des Teigs auf dem Blech verteilen. Dabei einen 2 cm hohen Rand formen. Gut andrücken.

3. Für den Belag Quark, Schmand und Puddingpulver verquirlen. Ei, Traubenzucker und Zitronenaroma einrühren. Die Quarkcreme auf dem Teig verstreichen.

4. Den Zimt unter das restliche Teigdrittel rühren. Den Zimtteig in kleine Stücke zupfen und auf dem Kuchen verteilen.

5. Den Kuchen im Ofen (Mitte, Umluft 150°) in ca. 45 Min. goldgelb backen.

KÜNSTLICHES AROMA

In der Testphase sollten Sie Ihre Kuchen nur mit künstlich hergestellten Zitrusaromen verfeinern. Der Handel führt diese Aromen in kleinen Tropfröhrchen (Backöl) oder in Fläschchen. Beides finden Sie im Backregal. In der Karenzphase können Sie sich dann langsam an frisch gepressten Saft oder abgeriebene Bio-Zitrusschale wagen.

Nährwerte pro Portion:

405 kcal • **11 g** Eiweiß • **18 g** Fett • **50 g** Kohlenhydrate

Zucker-Butterkuchen

**FÜR 16 STÜCK
(1 TIEFES BACKBLECH)**

1 Würfel Hefe (42 g, ersatzweise
2 Päckchen Trockenhefe)
500 g Mehl
220 g Traubenzucker
1 Ei
1 Prise Salz
250 ml lauwarme Milch
150 g weiche Butter
150 g Mandelblättchen
Fett und Mehl fürs Blech

ZUBEREITUNG: ca. 10 Min.
RUHEZEIT: ca. 60 Min.
BACKZEIT: ca. 15 Min.

1. Die Hefe zerbröseln. Mit Mehl, 120 g Traubenzucker, Ei und Salz mit dem Handrührgerät vermischen. Langsam die Milch zugießen. Auf niedrigster Stufe weiterrühren, bis ein geschmeidiger Teig entsteht. Den Teig zugedeckt an einem warmen Ort ca. 30 Min. aufgehen lassen.

2. Das Backblech fetten und mit Mehl bestäuben. Den Teig nochmals durchkneten und ca. 10 Min. ruhen lassen. Den Teig mit feuchten Händen gleichmäßig auf dem Blech verteilen.

3. Die Butter in Flöckchen teilen und gleichmäßig auf dem Teig verteilen. Mandeln und 100 g Traubenzucker darauf streuen. Nochmals ca. 20 Min. ruhen lassen, bis der Kuchen deutlich aufgeht. Den Backofen auf 220° vorheizen.

4. Den Kuchen im Ofen (Mitte, Umluft 200°) in ca. 15 Min. goldgelb backen.

Nährwerte pro Portion:

300 kcal • 6 g Eiweiß • 14 g Fett • 36 g Kohlenhydrate

Zimtwaffeln

FÜR 8–10 WAFFELN

1 Vanilleschote
125 g weiche Butter
140 g Traubenzucker
2 TL Zimt
2 TL Orangenaroma (ersatzweise abgeriebene Bio-Orangenschale)
3 Eier
125 g Sahne
120 ml Milch
250 g Mehl
1 TL Backpulver
Traubenzucker zum Bestäuben
Fett fürs Waffeleisen

ZUBEREITUNG: ca. 35 Min.

1. Die Vanilleschote längs aufschlitzen und das Mark herausschaben. Mit Butter, Traubenzucker, Zimt und Orangenschale schaumig schlagen. Die Eier einzeln einrühren. Sahne und Milch unterrühren. Mehl und Backpulver auf den Teig sieben. Alles zu einem dickflüssigen Teig verrühren. Den Teig 10 Min. ruhen lassen.

2. Das Waffeleisen auf mittlere Temperatur vorheizen. Die Backflächen dünn fetten. 3 EL Teig in die Mitte der unteren Backfläche geben. Das Waffeleisen schließen. Die Waffeln nacheinander in 2–3 Min. goldgelb backen. Auf einem Kuchengitter etwas abkühlen lassen.

3. Fortfahren, bis der gesamte Teig aufgebraucht ist. Die Waffeln vor dem Servieren mit Traubenzucker bestäuben.

UND DAZU

In der Karenzphase schmeckt ein Fruchtaufstrich (siehe Seite 30/31) oder eine Schokobutter (siehe Seite 32) zu den Waffeln. In der Testphase können Sie dann schon ein Kompott aus Heidelbeeren, Kirschen oder anderen verträglichen Obstsorten dazu servieren.

Nährwerte pro Portion:

300 kcal • 5 g Eiweiß • 17 g Fett • 33 g Kohlenhydrate

Nusskuchen

FÜR 16 STÜCK
(1 KASTENFORM, 30 CM)

250 g gemahlene Haselnüsse
250 g Mehl
1 Päckchen Backpulver
270 g Traubenzucker
4 Tropfen Bittermandelaroma
(Backöl)
100 ml Milch
ca. 140 ml starker kalter Kaffee
Fett und Mehl für die Form

ZUBEREITUNG: ca. 10 Min.
BACKZEIT: ca. 50 Min.

1. Die Nüsse mit Mehl, Backpulver und 220 g Traubenzucker mischen. Bittermandelaroma, Milch und Kaffee mit dem Handrührgerät unterrühren, bis der Teig schwer vom Löffel fällt.

2. Die Backform fetten und mit Mehl bestäuben. Den Teig einfüllen. Im Backofen bei 200° (Mitte, Umluft 180°) in ca. 50 Min. goldbraun backen.

3. Den Kuchen leicht abgekühlt aus der Form lösen und auf einem Kuchengitter auskühlen lassen. Vor dem Servieren mit 50 g Traubenzucker bestäuben.

TIPP

Der Nusskuchen hat eine eher brotähnliche Struktur. Wenn Sie ihn etwas lockerer möchten, rühren Sie mit dem Kaffee noch 2 Eier in den Teig.

Nährwerte pro Portion:

225 kcal • **4 g** Eiweiß • **10 g** Fett • **30 g** Kohlenhydrate

Aprikosenschnitten mit Mandelkrokant

FÜR 20 STÜCK
(1 TIEFES BACKBLECH)

6 Eier
420 g Traubenzucker
180 g Mehl
180 g Speisestärke
1 TL Backpulver
2 große Dosen Aprikosen
(à 465 g Abtropfgewicht)
2 Päckchen Vanillepuddingpulver
(zum Kochen für 500 ml Milch)
800 ml Milch (1,5 % Fett)
500 g Magerquark
50 g Mandelblättchen
1–2 EL Zucker
Fett und Mehl fürs Blech

ZUBEREITUNG: ca. 20 Min.
BACKZEIT: ca. 30 Min.

1. Den Backofen auf 175° vorheizen. Das Backblech fetten und mit Mehl bestäuben. Die Eier mit 6 EL Wasser dickschaumig aufschlagen. 240 g Traubenzucker einrieseln lassen, dabei auf höchster Stufe weiterrühren. Mehl, Stärke und Backpulver auf den Teig sieben und behutsam unterheben.

2. Den Teig gleichmäßig aufs Blech streichen. Im Ofen (Mitte, Umluft 160°) ca. 30 Min. backen.

3. Inzwischen die Aprikosen abgießen und abtropfen lassen. Das Puddingpulver mit 200 ml Milch verquirlen. 600 ml Milch mit 180 g Traubenzucker aufkochen. Das angerührte Puddingpulver einrühren und kurz aufkochen lassen. Den Pudding vom Herd nehmen und 5 Min. abkühlen lassen.

4. Den Kuchen leicht abgekühlt vom Blech lösen und auf einem Kuchengitter auskühlen lassen.

5. Die Aprikosen mit Küchenpapier trockentupfen. Mit der Schnittfläche nach unten auf den Boden legen. Den Quark unter den Pudding ziehen. Die Creme auf den Aprikosen verteilen. Auskühlen lassen.

6. Die Mandelblättchen mit Zucker in einer beschichteten Pfanne ohne Fett bei schwacher Hitze unter Rühren rösten, bis der Zucker karamellisiert. Den Krokant auf den Kuchen streuen.

Nährwerte pro Portion:

265 kcal • **8 g** Eiweiß • **4 g** Fett • **50 g** Kohlenhydrate

Omas Käsekuchen

FÜR 16 STÜCK
(1 BACKBLECH)

250 g Mehl
125 g weiche Butter
4 EL + 210 g Traubenzucker
5 Eier
1 Vanilleschote
200 g Margarine
750 g Magerquark
6 EL feiner Grieß
5 Tropfen Zitronenaroma (Backöl, ersatzweise 1/2 TL abgeriebene Bio-Zitronenschale)
1 Päckchen Backpulver
Fett und Mehl fürs Blech
Mehl zum Arbeiten

ZUBEREITUNG: ca. 15 Min.
BACKZEIT: ca. 55 Min.

1. Mehl und Butter mit den Knethaken des Handrühgeräts verrühren. Mit 4 EL Traubenzucker, 1 Ei und 2 EL Wasser zu einem geschmeidigen Teig verkneten. Den Teig zu einer flachen Platte formen, in Klarsichtfolie wickeln und kühl stellen.

2. Die Vanilleschote längs aufschlitzen und das Mark herausschaben. Die Margarine schaumig schlagen. Quark und 210 g Traubenzucker in Portionen unterrühren. 4 Eier einzeln einrühren. Grieß, Zitronenaroma, Vanillemark und Backpulver unterrühren.

3. Das Backblech fetten und mit Mehl bestäuben. Den Teig auf bemehlter Arbeitsfläche ausrollen und aufs Blech legen. Dabei einen 2 cm hohen Rand formen.

4. Die Quarkcreme auf dem Teig verstreichen. Den Kuchen im Backofen bei 180° (Mitte, Umluft 160°) in ca. 55 Min. goldbraun backen.

Nährwerte pro Portion:

345 kcal • **10 g** Eiweiß • **19 g** Fett • **33 g** Kohlenhydrate

Mohnkuchen mit Streuseln

FÜR 16 STÜCK
(1 BACKBLECH)

1 Würfel Hefe (42 g, ersatzweise 2 Päckchen Trockenhefe)
575 g Mehl
570 g Traubenzucker
1 TL Zitronenaroma (Backöl, ersatzweise abgeriebene Bio-Zitronenschale)
180 ml lauwarme Milch
275 g weiche Butter
1,25 l Milch
125 g grober Grieß
375 g gemahlener Mohn
2 EL Zimt

AUSSERDEM

Fett und Mehl fürs Blech

ZUBEREITUNG: ca. 35 Min.
RUHEZEIT: ca. 50 Min.
BACKZEIT: ca. 45 Min.

1. Für den Teig die Hefe zerbröseln. Mit 375 g Mehl, 130 g Traubenzucker und Zitronenaroma mischen. Milch und 75 g Butter mit den Knethaken des Handrührgeräts unterrühren.

2. Den Backofen auf 50° vorheizen. Den Ofen ausschalten. Den Teig im Ofen (Mitte, Umluft 50°) zugedeckt 30 Min. aufgehen lassen. Ein Backblech fetten und mit Mehl bestäuben.

3. Den Teig durchkneten und mit den Händen gleichmäßig auf dem Blech verteilen. Im warmen Backofen 20 Min. aufgehen lassen.

4. Für den Belag Milch und 240 g Traubenzucker aufkochen.

Grieß und Mohn einstreuen und unter Rühren kurz aufkochen lassen. Den Herd ausschalten und den Mohn 15 Min. ausquellen lassen. Die Mohnmasse auf den Teig streichen. Den Backofen auf 200° vorheizen.

5. Für die Streusel 200 g Mehl, 200 g Butter, 200 g Traubenzucker und Zimt verkneten. Die Streusel gleichmäßig auf dem Mohn verteilen. Den Kuchen im Ofen (Mitte, Umluft 180°) in ca. 45 Min. knusprig backen.

Nährwerte pro Portion:

590 kcal • **13 g** Eiweiß • **28 g** Fett • **72 g** Kohlenhydrate

Orangen-Schoko-Kuchen

FÜR 16 STÜCK
(1 KASTENFORM, 30 CM)

1 Vanilleschote
125 g Margarine
450 g Traubenzucker
3 Eier
250 g Mehl
75 g Kakao
2 EL Backpulver
150 g Sahne
2 TL Orangenaroma (Backöl, ersatzweise abgeriebene Bio-Orangenschale)
25 g Kokosfett
Fett und Mehl für die Form

ZUBEREITUNG: 10 Min.
BACKZEIT: ca. 60 Min.
RUHEZEIT: ca. 12 Std.

1. Die Vanilleschote längs aufschlitzen und das Mark herausschaben. Mit Margarine und 290 g Traubenzucker schaumig schlagen. Die Eier einzeln unterrühren. Mehl, 45 g Kakao und Backpulver unterziehen. Sahne und Orangenaroma einrühren.

2. Die Backform fetten und mit Mehl bestäuben. Den Teig in die Form füllen. Im Backofen bei 175° (Mitte, Umluft 160°) ca. 60 Min. backen. Leicht abgekühlt aus der Form lösen und auf einem Kuchengitter abkühlen lassen.

3. Für den Guss 160 g Traubenzucker, 30 g Kakao und 4 EL heißes Wasser verquirlen. Das Fett im Wasserbad schmelzen lassen. In die Kakaomasse rühren.

4. Den Kuchen mit dem Guss überziehen. Mindestens 12 Std. oder über Nacht trocknen lassen.

TIPP

Der Guss hält den Kuchen saftig und frisch. Doch dieser Überzug ist hell und glänzt nicht. Eine dunkle Kuvertüre finden Sie auf Seite 123.

Nährwerte pro Portion:

300 kcal • **4 g** Eiweiß • **13 g** Fett • **41 g** Kohlenhydrate

Bunte Früchteplatte

FÜR 12 STÜCK
(1 SPRINGFORM, 26 CM ⌀)

4 Eier
160 g + 3 EL Traubenzucker
120 g Speisestärke
120 g Mehl
1 TL Backpulver
2 Bananen
2 Kiwis
100 g Beeren (Himbeeren, Heidelbeeren, Brombeeren)
1/2 Papaya (100 g, wer mag)
1 Päckchen klarer Tortenguss
Fett und Mehl für die Form

ZUBEREITUNG: ca. 65 Min.
BACKZEIT: ca. 35 Min.

1. Den Backofen auf 175° vorheizen. Den Boden der Backform fetten und mit Mehl bestäuben.

2. Die Eier mit 4 EL Wasser mit dem Handrührgerät dickschaumig aufschlagen. Langsam 160 g Traubenzucker einrieseln lassen. Dabei auf höchster Stufe weiterschlagen. Stärke, Mehl und Backpulver auf den Teig sieben. Behutsam unterheben.

3. Den Teig in die Form füllen und im Ofen (Mitte, Umluft 160°) ca. 35 Min. backen. Leicht abgekühlt aus der Form lösen und auf einem Kuchengitter auskühlen lassen.

4. Die Bananen und Kiwis schälen und in 1 cm dicke Scheiben schneiden. Die Beeren behutsam waschen und trockentupfen. Die Papaya – wer mag – schälen und die Kerne herausschaben. Das Fruchtfleisch in schmale Streifen schneiden. Die Früchte auf dem Boden verteilen.

5. Den Tortenguss mit 3 EL Traubenzucker und 250 ml kaltem Wasser verquirlen. Nach Packungsangabe einen Tortenguss kochen und den Kuchen damit überziehen.

Nährwerte pro Portion:

185 kcal • **3 g** Eiweiß • **2 g** Fett • **39 g** Kohlenhydrate

Mürbeteig

FÜR 12 STÜCK
(1 SPRINGFORM, 26 CM ⌀)

150 g Margarine
1 Ei
300 g Mehl
180 g Traubenzucker
1 Prise Salz
1 TL Zitronenaroma (Backöl, ersatzweise abgeriebene Bio-Zitronenschale)

ZUBEREITUNG: ca. 10 Min.
KÜHLZEIT: ca. 30 Min.
BACKZEIT: ca. 20 Min.

1. Die Margarine und das Ei mit den Knethaken des Handrührgeräts schaumig schlagen. Langsam das Mehl unterrühren. Mit Traubenzucker, Salz und Zitronenaroma zu einem glatten Teig verkneten. Bei Bedarf etwas Wasser zugeben.

2. Den Teig zu einer flachen Platte formen, in Klarsichtfolie wickeln und ca. 30 Min. kühl stellen.

3. Den Backofen auf 200° vorheizen. Den Teig in die Backform drücken. Dabei nach Bedarf einen 2 cm hohen Rand formen. Im Ofen (Mitte, Umluft 180°) in ca. 20 Min. goldgelb backen.

BACKEN MIT TRAUBENZUCKER

Für gedeckte Kuchen bereiten Sie einfach die doppelte Menge zu. Für Plätzchen den Teig 3 mm dick ausrollen, beliebige Formen ausstechen und aufs Blech legen. Wie beschrieben in ca. 10 Min. goldgelb backen.

Für Beläge und Füllungen ersetzen Sie die im Rezept angegebene Menge Haushaltszucker im Verhältnis von 1 : 1,3 durch Traubenzucker.

Nährwerte pro Portion:

245 kcal • 3 g Eiweiß • 11 g Fett • 33 g Kohlenhydrate

Rührteig

FÜR 12 STÜCK
(1 GUGELHUPFFORM, 1,5 L)

1 Vanilleschote
250 g Margarine
300 g Traubenzucker
1 Prise Salz
4 Eier
500 g Mehl
1 Päckchen Backpulver
ca. 170 ml Milch
Fett und Mehl für die Form

ZUBEREITUNG: ca. 15 Min.
BACKZEIT: ca. 60 Min.

1. Die Backform fetten und mit Mehl bestäuben. Die Vanilleschote längs aufschlitzen und das Mark herausschaben.

2. Margarine und Traubenzucker schaumig schlagen. Das Vanillemark und Salz zugeben. Die Eier einzeln unterrühren. Mehl und Backpulver auf den Teig sieben und unterheben. So viel Milch unterrühren, bis der Teig cremig vom Löffel fällt.

3. Den Teig in die Form füllen. Im Backofen bei 170° (unten, Umluft 150°) ca. 60 Min. backen. Leicht abgekühlt aus der Form lösen und auskühlen lassen.

TIPP

Der Traubenzucker macht den Teig knuspriger als gewohnt. Wählen Sie daher lieber eine etwas niedrigere Backtemperatur.

VARIANTE

Für einen **Marmorkuchen** zwei Drittel des Teigs in die Form füllen. Das restliche Drittel mit 30 g Kakao und 2–3 EL Milch verrühren. Auf den hellen Teig streichen. Mit einer Gabel spiralförmig verziehen. Wie beschrieben backen.

Nährwerte pro Portion:

430 kcal • **7 g** Eiweiß • **20 g** Fett • **56 g** Kohlenhydrate

Biskuitteig

FÜR 12 STÜCK
(1 SPRINGFORM, 26 CM Ø)

1 Vanilleschote
4 Eier
160 g Traubenzucker
2 TL Zitronenaroma (Backöl, ersatzweise abgeriebene Bio-Zitronenschale)
1 Prise Zimt
120 g Speisestärke
120 g Mehl
1 TL Backpulver
Fett und Mehl für die Form

ZUBEREITUNG: ca. 20 Min.
BACKZEIT: ca. 35 Min.

1. Den Backofen auf 175° vorheizen. Den Boden der Backform fetten und dünn mit Mehl bestäuben. Dabei den Rand aussparen. Die Vanilleschote längs aufschlitzen und das Mark herausschaben.

2. Die Eier und 4 EL Wasser mit dem Handrührgerät dickschaumig aufschlagen. Langsam den Traubenzucker einrieseln lassen. Dabei auf höchster Stufe weiterschlagen. Zitronenaroma, Zimt und das Vanillemark einrühren. Stärke, Mehl und Backpulver auf den Teig sieben und behutsam unterheben.

3. Den Teig in die Form füllen und im Ofen (Mitte, Umluft 160°) ca. 35 Min. backen.

4. Den Kuchen leicht abgekühlt aus der Form lösen und auf einem Kuchengitter auskühlen lassen.

TIPP

In der Karenzphase schmeckt der Biskuit mit einer Quark- oder Joghurtcreme bestrichen. In der Testphase können Sie ihn dann mit geeigneten Früchten belegen.

Nährwerte pro Portion:

150 kcal • **3 g** Eiweiß • **2 g** Fett • **30 g** Kohlenhydrate

Schoko-Crossies

FÜR 25 STÜCK

60 g Mandelstifte
125 g Butter
1 1/2 EL Traubenzucker
2 EL Kakao
50 g ungesüßte Cornflakes
Backpapier fürs Blech

ZUBEREITUNG: ca. 20 Min.

1. Die Mandelstifte in einer beschichteten Pfanne ohne Fett goldbraun rösten. Auf einem Teller abkühlen lassen.

2. Die Butter mit Traubenzucker und Kakao in einem Topf bei schwacher Hitze schmelzen lassen. Den Herd ausschalten.

3. Die Mandelstifte und Cornflakes unter die Schokobutter rühren.

4. Ein Backblech mit Backpapier belegen. Mit zwei Teelöffeln kleine Häufchen aufs Blech setzen. Abkühlen lassen.

Nährwerte pro Portion:

65 kcal • **1 g** Eiweiß • **6 g** Fett • **3 g** Kohlenhydrate

Müsli-Taler

FÜR 80 STÜCK

125 g weiche Butter, 2 Eier
120 g Traubenzucker
150 g feine Haferflocken
25 g Kokosflocken
50 g gemahlene Mandeln
1 Msp. Zimt
100 g Dinkelvollkornmehl
25 g Sonnenblumenkerne
Backpapier fürs Blech

ZUBEREITUNG: ca. 20 Min.
BACKZEIT: ca. 20 Min.

1. Den Backofen auf 200° vorheizen. Ein Backblech mit Backpapier belegen. Die Butter mit den Eiern schaumig schlagen. Den Traubenzucker einrühren. Flocken, Mandeln, Zimt, Mehl und Kerne mit den Knethaken des Handrührgeräts unterrühren.

2. Den Teig zu einer Rolle (4 cm ⌀) formen und in ca. 1 cm dicke Scheiben schneiden. Aufs Blech legen. Im Ofen (Mitte, Umluft 180°) ca. 20 Min. backen. Abkühlen lassen.

Nährwerte pro Portion:

40 kcal • **1 g** Eiweiß • **2 g** Fett • **3 g** Kohlenhydrate

Nuss-Mandel-Krokant

FÜR 15 STÜCK

50 g gehackte Haselnüsse
50 g gehackte Mandeln
100 g Traubenzucker
Backpapier fürs Blech

ZUBEREITUNG: ca. 10 Min.

1. Nüsse, Mandeln und Traubenzucker in einer beschichteten Pfanne unter Rühren bei schwacher Hitze 5–8 Min. rösten, bis der Zucker karamellisiert.

2. Ein Backblech mit Backpapier belegen. Die Nussmasse aufs Blech streichen und abkühlen lassen. Den Krokant in kleine Stücke brechen.

VARIANTE

Bereiten Sie dieses Konfekt zur Abwechslung mit Walnüssen, Cashewkernen oder Kokosraspeln zu. Der Krokant hält sich in einer gut schließenden Dose ca. 4 Wochen.

Nährwerte pro Portion:

65 kcal • **1 g** Eiweiß • **4 g** Fett • **7 g** Kohlenhydrate

Dunkle Kuvertüre

FÜR 1 KUCHEN

90 g Kokosfett
120 g Traubenzucker
60 g Kakao
1–2 EL Sahne
1 TL Vanillearoma (Backöl)

ZUBEREITUNG: ca. 35 Min.
RUHEZEIT: ca. 12 Std.

1. Das Fett im heißen Wasserbad schmelzen lassen. Traubenzucker und Kakao mischen.

2. Den Kakaozucker und das Fett mit dem Handrührgerät auf niedrigster Stufe verquirlen. Sahne und Aroma zugießen, mindestens 3 Min. weiterrühren.

3. Die Kuvertüre sofort verwenden. Bei Bedarf nochmals im

TIPP

Rühren lohnt sich! Je länger Sie rühren, desto geschmeidiger und glänzender wird die Kuvertüre und desto feiner schmeckt sie.

Wasserbad erwärmen. Mindestens 12 Std. oder über Nacht trocknen lassen.

Nährwerte pro Portion:

1535 kcal • **16 g** Eiweiß • **106 g** Fett • **131 g** Kohlenhydrate

Gut zu wissen

Wir legen Ihnen dringend ans Herz, sich nach der Erstdiagnose von einer Ernährungsfachkraft beraten zu lassen. Handelt es sich dabei um eine zertifizierte Beratung, werden die Kosten von den meisten Krankenkassen bezuschusst oder erstattet. Kompetente Unterstützung bekommen Sie bei folgenden Stellen:

Verbände

Arbeitskreis Diätetik in der Allergologie e.V.
www.ak-dida.de
Hier können Sie nach einer Ernährungsfachkraft in Wohnortnähe suchen. Im Arbeitskreis sind nur Ernährungsfachkräfte Mitglied, die sich auf die Therapie von Allergien und Nahrungsmittelunverträglichkeiten (Intoleranzen, Malabsorptionen und Pseudoallergien) spezialisiert haben. Die Mitglieder arbeiten nur nach wissenschaftlich abgesicherten Empfehlungen. Auch die regelmäßige Teilnahme an Fortbildungen ist zwingende Voraussetzung für die Mitgliedschaft.

VDO$_E$ Verband der Oecotrophologen e.V.
Reuterstraße 161
53113 Bonn
Tel.: 0228-289220
E-Mail: vdoe@vdoe.de
www.vdoe.de
Neben anderen Infos finden Sie hier eine Liste von selbstständig arbeitenden Ernährungsfachkräften, die Sie nach Fachgebiet und Postleitzahlbereich sortieren können. Wählen Sie am besten eine Therapeutin, die auf die Ernährungstherapie von Erkrankungen im Magen-Darm-Bereich und Allergien spezialisiert ist.

VDD Verband der Diätassistenten – Deutscher Bundesverband e.V.
Bismarckstraße 96
40042 Düsseldorf
Tel.: 0211-162175
E-Mail: vdd-duesseldorf@t-online.de
www.vdd.de
Die Homepage bietet eine Liste von Ernährungsfachkräften, die eine Ernährungstherapie anbieten.

Deutscher Allergie- und Asthmabund e.V. (DAAB)
Fliethstraße 114
41061 Mönchengladbach
Tel.: 02161-814940
E-Mail: info@daab.de
www.daab.de
Auf dieser Webseite finden Sie fast alles zu den Themen Allergien, Asthma und Neurodermitis.

Weitere Informationen

www.fructo.de
Private Internetseite mit kompetenten Informationen rund um das Thema Fruktose.

www.was-wir-essen.de
In diesem Portal finden Sie Wissenswertes rund um Landwirtschaft, Ernährung und Verbraucherschutz. Jede Rubrik informiert über Lebensmittel sowie über allgemeine Themen wie »Gentechnik« oder »Ernährungsempfehlungen«. Zu jedem Thema gibt es umfangreiche Internetseiten, Adressen möglicher Ansprechpartner, Inhalte wissenschaftlicher Forschungsarbeiten, Fachliteratur und Tagungsinformationen. Rat Suchende können sich per Mail auch direkt an die aid-Experten wenden.

www.aid.de
Infodienst Verbraucherschutz, Ernährung, Landwirtschaft und Forsten. Hier gibt's Informationen zu Lebensmittelinhaltsstoffen, Lebensmittelkennzeichnung und Lebensmittelgesetzgebung, Zusatzstoffen, Schadstoffen und gesunder Ernährung.

www.dife.de
Das Deutsche Institut für Ernährungsforschung Potsdam-Rehbrücke (DIfE) untersucht die Zusammenhänge zwischen Ernährung und Gesundheit von den molekularen Grundlagen bis zur klinischen Anwendung. Die Grundlagen dafür werden in interdisziplinärer Zusammenarbeit mit einem breiten naturwissenschaftlichen, medizinischen und epidemiologischen Methodenspektrum erarbeitet.

www.fructose.at
Dieses Forum bietet eine fachliche, kostenlose Diskussionsplattform an.

www.dge.de
Die DGE befasst sich mit allen auf dem Gebiet der Ernährung auftretenden Fragen. Sie informiert über neue Erkenntnisse und Entwicklungen und stellt diese durch Publikationen und Veranstaltungen der Allgemeinheit zur Verfügung.

Gerichte nach Kapiteln

Rezeptregister von A bis Z

Impressum

Programmleitung: Doris Birk
Leitende Redakteurin:
Stephanie Wenzel
Redaktion: Stefanie Poziombka
Lektorat: Petra Teetz
Umschlaggestaltung:
Independent Medien Design
Fotografie: Jörn Rynio
Produktion: Petra Roth
Satz: Liebl Satz+Grafik,
Emmering
Reproduktion: Penta Repro,
München
Druck und Bindung: Printer,
Trento

ISBN 978-3-8338-0650-6

1. Auflage 2007

Jörn Rynio arbeitet als Fotograf in Hamburg. Zu seinen Auftraggebern gehören nationale und internationale Zeitschriften, Buchverlage und Werbeagenturen. Aus seinem Studio stammen alle Fotos in diesem Band. Tatkräftig unterstützt wurde er dabei von seiner Foodstylistin Petra Speckmann.

Bildnachweis:
Alle Bilder: Jörn Rynio, Hamburg

Titelrezept: Joghurtmousse auf Beerenschaum, S. 94

Die Anregungen in diesem Buch stellen die Meinung beziehungsweise die Erfahrungen der Autoren dar und wurden von ihnen nach bestem Wissen und Gewissen erstellt. Sie bieten jedoch keinen Ersatz für kompetenten medizinischen Rat. Jede Leserin, jeder Leser sollte für das eigene Tun auch weiterhin selbst verantwortlich sein. Weder die Autoren noch der Verlag können für eventuelle Nachteile oder Schäden, die aus den im Buch gegebenen praktischen Hinweisen resultieren, eine Haftung übernehmen.

Das Original mit Garantie

Ein Unternehmen der
GANSKE VERLAGSGRUPPE